MANFRED FRIEDRICH

Zwischen Positivismus und materialem Verfassungsdenken

Schriften zur Verfassungsgeschichte

Band 14

Zwischen Positivismus und materialem Verfassungsdenken

Albert Hänel und seine Bedeutung für
die deutsche Staatsrechtswissenschaft

Von

Prof. Dr. Manfred Friedrich

DUNCKER & HUMBLOT / BERLIN

Alle Rechte vorbehalten
© 1971 Duncker & Humblot, Berlin 41
Gedruckt 1971 bei Berliner Buchdruckerei Union GmbH., Berlin 61
Printed in Germany
ISBN 3 428 02411 7

Rudolf Smend zugeeignet

Vorbemerkung

Eine kürzere Fassung der folgenden Studie war ursprünglich zur Veröffentlichung in der Zeitschrift „Der Staat" vorgesehen. Ihr Ausbau und ihre selbständige Veröffentlichung erscheinen mir dadurch gerechtfertigt, daß sie als Vorarbeit zu einer verstehenden Geschichte der deutschen Staatsrechtswissenschaft gedacht ist. Ich hoffe, einmal auch diese größere Arbeit vorlegen zu können.

Warum die Studie keine problemgeschichtliche ist, wie man bei ihrem Charakter als Vorarbeit eher erwarten dürfte, geht aus dem Text hervor.

Manfred Friedrich

Inhaltsverzeichnis

Erster Abschnitt

**Der staatsrechtliche Positivismus
als Problem der Wissenschaftsgeschichte**   11

Das gestiegene Interesse an einer verstehenden Staatsrechtswissenschaftsgeschichte (12) — Bisherige Schwerpunkte der wissenschaftsgeschichtlichen Forschung (13) — Noch weitgehende Aussparung der Laband-Periode (15) — Mögliche Ansatzpunkte für ihre bessere Aufarbeitung (16) — Die Abspiegelung der wissenschaftlichen Entwicklungsetappen im Wandel der literarischen Darstellungsmittel (18) — Stellenwert und seitherige Einschätzung von Hänels Werk (20)

Zweiter Abschnitt

**Der biographische Hintergrund:
Universitätslehrer und Honoratiorenpolitiker**   22

Herkunft und wissenschaftliche Ausbildung (22) — Der Ausgang von den historischen Germanisten (25) — Kieler Lehrtätigkeit (27) — Die politischen Verdienste um Schleswig-Holstein (31) — Die Rolle in der linksliberalen Reichstagsfraktion; das Verhältnis zu Eugen Richter (35) — Die Konzeption einer liberalen Gesamtpartei (37)

Dritter Abschnitt

Zur formtypischen Eigenart des wissenschaftlichen Werkes   38

Bibliographischer Überblick (38) — Der monographische Charakter des Hänelschen Werkes (39) — Gründe für die Bevorzugung der monographischen Form (40) — Der Ertrag der monographischen Arbeitsweise: Immanente Überwindung des zeitgenössischen Positivismus (42)

Vierter Abschnitt

Zur Interpretation der staatsrechtlichen Werke   44

1. Studien zum Deutschen Staatsrecht 44

   a) Die erste Studie; Arbeitsstil und wissenschaftlicher Typus (44) — Das unmittelbare Verdienst der ersten Studie: Widerlegung der Seydelschen Vertragstheorie (45) — Die Lücke in Hänels Argumentation (46) — Institutionelle Deutung des Bundesstaates (47) — Mißverständnisse über Hänels Bundesstaatslehre (48) — Zu starke Orientierung an den republikanischen Bundesstaatsrechtsmodellen (50)

b) Die mittlere Studie in ihrer Bedeutung für die klassische Theorie des Reichskonstitutionalismus (50) — Die Entdeckung der Eigenart des Bismarckschen Verfassungsrechts (52) — Unitarische Überspannung der Tragweite des Amendements Bennigsen (54) — Der Kernpunkt im Programm einer organischen parlamentarischen Fortentwicklung der Reichsverfassung: Ausstattung der kaiserlichen Gewalt mit dem vollen konstitutionellen Veto (54)

c) Die dritte Studie mit dem Angriff auf die Lehre vom doppelten Gesetzesbegriff (55) — Unterschiede im Argumentationsstil gegenüber dem zeitgenössischen Positivismus (56) — Antizipation einer einheitlichen Theorie der Rechtserscheinungen (57) — Der Gegensatz zwischen objektivem und subjektivem Recht (58) — Die Nichttrennung von Funktion und Befugnis im Gesetzesbegriff (61) — Politische Bedeutung von Hänels Begründungsversuch eines einheitlichen Gesetzesbegriffs (63)

2. Deutsches Staatsrecht 64

Aufnahme durch die zeitgenössische Kritik (64) — Der Ausgang vom „Kulturberuf" des Staates (65) — Gründe für die Ablehnung der staatlichen Persönlichkeitskonstruktion (65) — Verdienste der staatsrechtlichen Einzeluntersuchung: Verwertung von Gesetzgebungspraxis, Verfassungsgeschichte und vergleichender Verfassungslehre (67) — Ambivalente Nachwirkung (70)

Erster Abschnitt

Der staatsrechtliche Positivismus als Problem der Wissenschaftsgeschichte

Von den mit Staat und Gesellschaft befaßten Disziplinen eignet der Staatsrechtswissenschaft, oder wie es heute richtiger heißen muß: der Verfassungsrechtslehre, am ehesten ein konservativer Zug. Zur Interpretation eines autoritativen Textes berufen, kann sie ihrem Gegenstand nicht mit einer ähnlichen Freiheit der Kritik begegnen wie Politikwissenschaft oder Soziologie. Sie kann nicht ohne weiteres ihre Begriffe abstoßen und sich nach Belieben einen neuen Begriffsapparat kreieren. Denn ihre Begriffe sind nicht einfach nur wissenschaftliche Arbeitsmittel, sondern teilweise von den Verfassungs- und Gesetzestexten rezipiert. Schon deshalb kann in der Staatsrechtswissenschaft jede neue Arbeit an den Grundlagen nicht von der eingehenden Auseinandersetzung mit den überlieferten Begriffen, den diesen zugrundeliegenden Denkweisen und politisch-historischen Erfahrungen sich dispensieren.

In den Zwanzigerjahren hat allerdings die deutsche Staatsrechtswissenschaft, nicht nur zu ihrem Nachteil, dieses ihr eigene Element der Beharrung unterschätzt. Vom leidenschaftlichen und berechtigten Protest gegen die überkommenen Begriffe hat sie sich zu selbstsicher und eilfertig zu neuen, möglichst aus einem Guß gestalteten Grundlegungen und zur Kreation neuer exklusiver Methoden davontragen lassen — mit dem Ergebnis, daß ihre Experimentierfreudigkeit notwendig die Unsicherheit in der Verfassungsauslegung vermehren mußte und die Grenze zur politischen Verfassungskritik verwischte. Gleichviel welche der beiden einflußreichsten Neubegründungen der Zwanzigerjahre ins Blickfeld genommen wird, ob die glänzende dogmatische Repristination der politischen Ideen des älteren kontinentaleuropäischen Konstitutionalismus in der Verfassungslehre *Carl Schmitts* oder die forcierte Herleitung eines neuen Auslegungssystems aus einer neuartigen Anschauung der parlamentarischen Verfassungsrealien in der Integrationslehre *Rudolf Smends*, die eine wie die andere damalige Neubegründung hat den im Zusammenhang zwischen einer konfliktsoffenen Verfassung und einer offenen Verfassungsrechtslehre angelegten zwangsläufigen Abbau an verbindlichen dogmatischen Grundlagen, wenn nicht verkannt, so zumindest unterschätzt. Dem überkommenen Positivismus und seinem Streben nach einer homogenen Begrifflichkeit, das die Staatsrechtswissenschaft nur deshalb unter der monarchischen Verfassung so erfolgreich beherrschen konnte, weil sie damals kaum schon als *praktische* Wissenschaft herausgefordert war, haben beide Neubegründungen im Grunde noch mit einem gleichgearteten Streben geantwortet. Demgegenüber verweist die Entwicklung der Staatsrechtswissenschaft nach dem letzten Kriege auf ein ihr gemäßeres zurückhaltenderes Verhältnis zu ihrem Gegenstand. Wohlweislich hat sich das Fach nach 1949 vor dem Strohfeuer eines neuen Methodenstreits gehütet; der Ehrgeiz, die seit den Zwanzigerjahren zum Stereotyp gewordene „Krise" mit neuen Grundlegungen zu heilen, hat ersichtlich an Attraktion verloren. Im ganzen begnügte man sich mehr mit einer vorsichtigen Wiederaufnahme der Neuansätze aus den Zwanzigerjahren, bereicherte sie mit neuen Ideen und Erfahrungen und baute sie in neue, weniger ehrgeizige Problementwürfe ein. Vor allem aber ist erst in den letzten zwanzig Jahren die in der Zwischenkriegsperiode schon wegen der Kürze der Zeit noch gehemmte historische Auseinandersetzung mit den aus der Periode des monarchischen Staates überkommenen Denkweisen und Begriffen, die erste Voraussetzung für jede befriedigendere Konsolidierung, auf breiter Linie in Gang gekommen. Die gründlichen dogmengeschichtlichen Abschnitte sind teilweise geradezu an die Stelle der methodologischen Einleitungen im Weimarer Schrifttum getreten; neue Werke mit mehr als monographischem Ehrgeiz firmieren tunlich nur als „Grundfragen", um möglichst ausgiebig an der historischen Auseinandersetzung zu partizipieren. Die größere historische Bewußtheit unterscheidet den heutigen Zustand des Faches nicht nur am eindeutigsten von seinem ahistorischen Positivismus vor 1918, sondern auch vom überschwenglichen Methodendenken[1] in der Interimsperiode der Weimarer Republik.

Dabei stehen in der Auseinandersetzung mit dem überkommenen Begriffserbe die im engeren Sinne positivistischen Begriffe und Denkweisen mit Recht im Vordergrund. Ihre Nachwirkung ist unverändert ein noch immer nicht abgeschlossenes Kapitel in der Geschichte der deutschen Staatsrechtswissenschaft. Allerdings hat sich inzwischen im Vergleich mit den Zwanzigerjahren das Bild vom sog. staatsrechtlichen Positivismus in vieler Hinsicht differenzierter abgeklärt. Der leidenschaftliche Protest der Zwanzigerjahre hatte die Auseinandersetzung mit dem Positivismus kaum schon bis an dessen Wurzeln herangeführt. Davon überzeugt, daß der Positivismus eine Abirrung und ein für allemal erledigt wäre, hat die neue Richtung in der Weimarer Staatsrechtswissenschaft sowohl die wissenschaftlichen Arbeitstugenden des Positivismus

---

[1] Das Beste zu dessen Kritik noch immer bei *P. Lerche*, Stil, Methode, Ansicht: polemische Bemerkungen zum Methodenproblem, in: DVBl, 1961, S. 690 ff.

unterbewertet[2] wie ihn zu vordergründig als eine apologetische Reflexhaltung unter den alten monarchischen Staatsverhältnissen abgetan. Die Selbstverständlichkeit, mit der in den Zwanzigerjahren der Kampf gegen die überkommenen Positionen von außerhalb des Faches aus, besonders von Philosophie und Soziologie, aufgenommen wurde, hat aber vor allem auch in hohem Maße noch die Einsicht in die Bedingtheit des formalistischen Positivismus durch die begrenzte fachliche Aufgabenlage vor 1918 verwehrt. In dieser Hinsicht geben heute die anhaltende Verbreiterung der fachlichen Aufgaben und der Wegfall der für die Zwanzigerjahre kennzeichnenden Betroffenheit vor dem Neuen erst die nötigen umfassenderen Beurteilungsperspektiven frei. Zugleich unterstreicht die Tatsache, daß auch das Grundgesetz von positivistischen Reprisen nicht verschont geblieben ist, die bezeichnenderweise bewußt an die dezisionistische Gegenposition der Zwanzigerjahre zum „normativistischen" Positivismus anknüpften[3], daß das Weiterwirken der aus der Epoche des monarchisch-konstitutionellen Staates überkommenen formalistischen Denkweisen und Begriffe nicht nur mit den Zufälligkeiten der biographischen Kontinuität einzelner maßgeblicher Verfassungsinterpreten und der Fähigkeit des Positivismus, gleichermaßen mit einer monarchisch-konservativen wie mit einer dezidierten liberal-demokratischen Einstellung sich zu verbinden[4], sich erklärt.

Überschlägt man kurz die Ergebnisse der neueren, speziell wissenschaftsgeschichtlich angelegten Bemühungen um eine bessere Aufarbeitung der positivistischen Etappen und Entwicklungslinien, so betreffen sie in erster Linie die Frage nach der Herkunft des staatsrechtlichen Positivismus und nach den Gründen für die Ablösung des älteren inhaltlich-materialen Staatsrechtsdenkens durch die spätere logisch-formale Staatsrechtsjurisprudenz. Einerseits hat die neuere Dogmengeschichte das geläufige Selbstverständnis des staatsrechtlichen Positivismus als einer Derivaterscheinung der allgemeinen rechtswissenschaftlichen Entwicklung im 19. Jh. durch den Rückgang auf die rechtswissenschaftlichen Quellen und Vorbilder *Gerbers* und *Labands* näher verifiziert[5]. An-

---

[2] Dazu jetzt aufschlußreich selbstkritisch R. *Smend*, Heinrich Triepel, in: Die moderne Demokratie und ihr Recht, Festschr. f. Gerhard Leibholz, 2. Bd., 1966, S. 118.
[3] Als positivistische Reprisen müssen jedenfalls die viel diskutierten neueren Arbeiten von *Ernst Forsthoff* bezeichnet werden, die ausdrücklich die Renaissance einer für vermeintlich gesichert gehaltenen gesetzespositivistischen Auslegungslehre prätendieren. So wohl am nachdrücklichsten in: Zur Problematik der Verfassungsauslegung, 1961.
[4] Zu dieser politischen Ambivalenz des Positivismus als Ausgangspunkt für weitere differenzierende Überlegungen vor allem P. v. *Oertzen*, Die Bedeutung C. F. von Gerbers für die deutsche Staatsrechtslehre, in: Staatsverfassung und Kirchenordnung, Festg. f. Rudolf Smend, 1962, S. 183 ff., bes. S. 186 f.
[5] Vgl. W. *Wilhelm*, Zur juristischen Methodenlehre im 19. Jahrhundert, 1958. In vieler Hinsicht eine Ergänzung des bei Wilhelm vorgezeichneten Bildes jetzt

dererseits haben andere Arbeiten gerade dieses geläufige allgemeine Entwicklungsbild, nach dem die Staatsrechtswissenschaft in steigendem Maße nur allgemeine, mit den anderen Rechtsgebieten gemeinsame Rechtsbegriffe auf ihren Gegenstand angewandt hätte, also ihre Entwicklung in der Hauptsache nur als ein Parallelfall zu der auch in den anderen Rechtsdisziplinen sich vollzogenen Erhebung der Jurisprudenz zu einer exakten im Sinne von deduktiven Wissenschaft sich darstellen würde, empfindlich in Frage gezogen. Es ist hier vor allem auf die grundlegende Untersuchung *Peter von Oertzens*[6] hinzuweisen, die auf die wichtigste, noch in die Zeit des Deutschen Bundes fallende Übergangsleistung zurückgeht, *Gerbers* „gemeines" Staatsrechtssystem. Zwar bestätigt auch sie die geläufige Einschätzung dieses Systems als der maßgeblichen Grundlage für den späteren positivistischen Ausbau der Disziplin. Aber sie deckt zugleich auf, daß die von der offen positivistischen Staatsrechtswissenschaft sukzessive ausformulierten Begriffe keineswegs einfach nur als Übertragungen allgemeiner Rechtsbegriffe auf einen ihnen indifferenten Stoff sich ansehen lassen, sondern zugleich eine neue und durchaus originelle Anschauung der grundlegenden staatlich-gesellschaftlichen Strukturveränderungen zur Mitte des Jahrhunderts zum Ausdruck bringen. Andere Arbeiten, die konkreter dem Wandel einzelner Begriffe oder den Veränderungen in den allgemeinen Verständnisvoraussetzungen nachgehen[7], bestätigen zumindest in der großen Linie dieses Bild.

Führt man sich diese Ergebnisse der neueren wissenschaftsgeschichtlichen Forschung vor Augen, so machen sie allerdings zugleich die Einseitigkeit deutlich, die auf die Dauer in der überwiegenden Spezialisierung des Interesses nur auf die zum staatsrechtlichen Positivismus hinführenden Linien und die Probleme im Übergang zu diesem liegt. Nicht nur das aus der positivistischen Periode überkommene klischeehafte Bild vom Zustand des Faches in den beiden ersten Jahrhundertdritteln und vom späteren Übergang zum vorwiegend logisch-formalen Denken bedarf der eingehenden Überprüfung, es gilt dies auch für das Bild von der positivistischen Periode selbst. Die wissenschaftsgeschichtliche Arbeit kann leicht einen antiquarischen Anstrich bekommen, wenn sie ihr Interesse primär nur auf die Gründe für die Heraufkunft des staatsrechtlichen

---

in der Marburger Diss. von *Ortrun Fröhling*, Labands Staatsbegriff. Die anorganische Staatsperson als Konstruktionsmittel der deutschen konstitutionellen Staatslehre, 1967.

[6] Die soziale Funktion des staatsrechtlichen Positivismus, Diss. phil. Göttingen 1953 (Maschinenschrift); alle wesentlichen Ergebnisse dieser Untersuchung auch in *von Oertzens* in Anm. 4 erwähnten Aufsatz über Gerber.

[7] Vgl. vor allem *E.-W. Böckenförde*, Gesetz und gesetzgebende Gewalt, 1958; *K. Hespe*, Zur Entwicklung der Statszwecklehre in der deutschen Staatsrechtswissenschaft des 19. Jahrhunderts, 1964 und die an eindringlichen historischen Untersuchungen reiche, aber dadurch etwas zwiespältige unveröffentlichte Göttinger jur. Diss. von *H. Zwirner*, Politische Treupflicht des Beamten, 1956.

Positivismus eindämmt und dabei die Fragen nach der Intensität seiner Wirkung, nach den Ursachen für die zunehmende Ausscheidung der ihm ursprünglich zugrundegelegenen materialen Anschauungselemente, vor allem aber nach gegenläufigen Strömungen, mehr in die zweite Linie gelangen. Gerade da der Erfolg der offen positivistischen Richtung auf einer teils unbewußten Verdrängung beruht und sich diese ein hochgradig unkritisches, am problemverdünnten Schema des Fortschreitens von Methodensynkretismus zur Methodenreinheit orientiertes Bild von der fachlichen Entwicklung zurechtmachte, unterliegt die von ihr bestimmte Periode nur zu leicht der Gefahr einer zu schematischen Einschätzung, d. h. man geht von der Herrschaft einer als verhältnismäßig geschlossen vorgestellten Schule aus und begibt sich damit der Maßstäbe, um die positivistische Periode differenzierter in der Individualität ihrer wissenschaftlichen Leistungen zu sichten und damit diese Leistungen auch in ihrer produktiven Funktion für die Nachfolger besser dem heutigen Verständnis näherzubringen. Wenn *Rudolf Smend* schon vor mehr als dreißig Jahren festgestellt hat[8], daß die von *Laband* beherrschte Periode der staatsrechtlichen Arbeit unter dem Aspekt der in seinem Werk kulminierenden Wirklichkeitsentfremdung im öffentlichen Recht noch gründlicher Aufhellung sowohl zur Abgrenzung und Würdigung der geschichtlichen Wirkung seiner Persönlichkeit und seines Systems wie zur richtigen Abgrenzung der fachgenössischen Arbeit der Zeit gegen ihn bedürfe, so hat bisher die Forschung den in dieser Feststellung liegenden Hinweis auf ein ganzes Programm wissenschaftsgeschichtlicher Arbeit noch auffällig wenig beachtet. Aber nicht nur im Interesse der Überprüfung der schuleprägenden Wirksamkeit von Labands Formalismus und der Frage, wieweit die anderen zeitgenössischen Leistungen besser als er die Verbindungen zu den wissenschaftlichen Traditionen des Faches und den bisher für es verbindlichen umfassenderen Orientierungen bewahrt haben und damit auch die Heutigen mehr angehen dürften als die zeittypischeren formalistischen Leistungen, verdient künftig die im engeren Sinne positivistische Periode eine größere Aufmerksamkeit. Auch im ganzen sind die Gründe für den Epochenerfolg des staatsrechtlichen Positivismus noch in vielem genauer aufzuklären. Es gilt dies zunächst für seine politische Funktion, die weit weniger von der *Gerber*schen Systembildung aus zuverlässig abgeklärt werden kann als von der konkreten Exegese der politisch ausschlaggebenden Probleme in der Bismarckschen und besonders preußischen Verfassung und in diesem Lichte, etwa anhand der Auseinandersetzung über den Gesetzesvorbehalt und den Umfang des exekutivischen Verordnungsrechts, weit weniger eindeutig monarchisch-konservativ sich darstellen dürfte, als es im allgemeinen angenommen wird. Und es gilt dies weiter vor allem für die all-

---

[8] Staatsrechtliche Abhandlungen, 2. erw. Aufl., 1968, S. 338.

gemeinen historischen Umstände, die es erklärlich machen, weshalb der epochalspezifische Irrtum des Positivismus, daß die Aufgabe der Rechtsinterpretation im großen ganzen einfach mit der voraussetzungslosen Entwicklung einer aus allgemeinen Rechtsbegriffen organisierten Dogmatik zusammenfiele, gerade in der Staatsrechtswissenschaft einen besonders günstigen Aufnahmeboden finden mußte — Umstände, die wie die noch verhältnismäßige Homogenität und stofflich-geltungsmäßige Begrenztheit des Verfassungsrechts vor 1918, seine von den anderen Rechtsgebieten noch relativ separierte Existenz, die noch geringe Herausforderung überhaupt durch spezifisch verfassungsjuristische Probleme[9], die fehlende Konkurrenz der Verfassungsrechtsprechung und vor allem die Prädestination des dualistischen konstitutionell-monarchischen Verfassungssystems als Anknüpfungspunkt für ein System antithetischer Begriffe, das hervorragend die Gewinnung von juristischen Ergebnissen durch die formale Anwendung des Mittels des Gegenschlusses erlaubte, im heutigen Abstand immer eindeutiger sich in ihrer Einmaligkeit und Epochengebundenheit enthüllen. Es ist überflüssig zu sagen, daß ohne eine solche eingehendere Klärung der Probleme des Faches in der positivistischen Periode, seiner Einseitigkeiten und Versäumnisse, künftig auch kein befriedigendes Bild vom Umbruch in den Zwanzigerjahren und von dessen ambivalenter politischer Bedeutung erarbeitet werden kann[10].

Vergegenwärtigt man sich diese offenen Fragen an die positivistische Periode, so wird deutlich, daß für ihre nähere Differenzierung der übliche Weg der publizistischen Geistesgeschichte über die Veränderungen in den Lehrbeständen nur einen begrenzten Erfolg verspricht. Bei dem epigonalen Charakter der offen positivistischen Richtung, ihrem Ehrgeiz auf Isolierung der rechtlichen Elemente und der Verlagerung ihres Interesses auf formale, hauptsächlich in die allgemeine Rechtstheorie fallenden Probleme kann dieser Weg nur zu leicht die Gefahr mit sich bringen, daß die Probleme der positivistischen Staatsrechtsjurisprudenz zu sehr nur als auslaufende behandelt werden und man damit die tieferliegenden

---

[9] Worin *Erich Kaufmann* schon 1920 die wissenschaftliche Grundsignatur der Vorkriegsperiode gesehen hat: Untersuchungsausschuß und Staatsgerichtshof, in: Gesammelte Schriften, Bd. I, 1960, S. 311; Ansätze zu einer umfassenderen wissenssoziologischen Deutung des staatsrechtlichen Positivismus anhand der im Kaiserreich möglich gewesenen gegenseitigen Verselbständigung von Theorie und Praxis jetzt bei *M. Kriele*, Theorie der Rechtsgewinnung entwickelt am Problem der Verfassungsinterpretation, 1967, S. 39 ff.
[10] Wie dies jetzt die klischeehafte Verzeichnung der Erneuerungsbewegung der Zwanzigerjahre bei *Wolfram Bauer*, Wertrelativismus und Wertbestimmtheit im Kampf um die Weimarer Demokratie, 1968, ungewollt bestätigt, die nur möglich ist, weil dieser Autor völlig verständnislos der wissenschaftlichen Aufgabenlage vor '18 und ihrem Wandel danach begegnet; näher zu den schiefen und verständnislosen Sichtweisen dieser Arbeit *mein* demnächst erscheinender Literaturbericht in: PVS, 12. Jg. (1971), Heft 2.

Gründe für die im Kaiserreich mögliche und eingetretene Verselbständigung von Theorie und Praxis in ihrer Bedeutung unterschätzt. Als nur begrenzt fruchtbar dürfte sich aber auch der von der späteren Entwicklung im Zeichen des Methodenstreits nahegelegte Zugangsweg über die prinzipielle Kritik an *Labands* Grundsätzen erweisen, also vor allem über *Gierkes* große Kritik[11] und die nicht weniger weit ausholende, aber viel weniger beachtete *Felix Stoerks*[12]. Denn diese vornehmlich mit der Festmachung der Selbsttäuschungen Labands und jedes konsequenten Positivismus operierende Kritik unterlief, zumindest wo sie wie bei Gierke prinzipielle Töne anschlug, von vornherein das Anliegen gerade einer immanenten staatsrechtlichen Methodenkritik, wie sie ihren Schwerpunkt etwa in der Abschätzung des Anteils von induktivem und deduktivem Denken am Aufbau der Dogmatik für einen konkreten Rechtsstoff gehabt hätte, um sogleich das enge positivistische Verständnis mit einem umfassenderen Verständnis von Sinn und Aufgaben der rechtswissenschaftlichen Erkenntnis zu konfrontieren[13]. In der grundsätzlichen Verfolgung der von Laband gewiesenen Bearbeitungsrichtung hat diese Kritik, der auch die Weimarer Jahre im Grunde keine eigentlich neuen Argumente hinzugefügt haben, das Fach in der Periode der Geltung der monarchischen Verfassung noch nicht beirrt. Ihr mit ihrer widerspruchslosen Wiederholung unvermeidlich destruktives Resultat, die Zerstörung der wissenschaftlichen Unbefangenheit, ohne welche die systematischen Staatsrechtslehrbücher des 19. Jahrhunderts nicht denkbar sind, erzeugte sie erst nach 1918: mit dem Ausfall dieser Literaturgattung, die bis dahin dem Fach als zuverlässigster Gradmesser für seinen wissenschaftlichen Fortschritt gegolten hatte, dem nach 1949 noch offenkundiger als in der verhältnismäßig kurzen Weimarer Zeit zutagegetretenen Aufstieg der Kommentare, die vor 1918 kaum schon eine nennenswerte Rolle gespielt haben[14], und wiederum deren wissenschaftlicher Überflügelung durch

---

[11] Labands Staatsrecht und die deutsche Rechtswissenschaft, Schmollers Jb. 1883, S. 1097 ff., Neudruck 1961.

[12] Zur Methodik des öffentlichen Rechts, Wien 1885.

[13] Weshalb *W. Wilhelm*, S. 12 f., die Kontroverse Gierke-Laband zu Recht mit dem Methodenstreit in der Nationalökonomie zwischen *Schmoller* und *Carl Menger* und mit *Engels'* Auseinandersetzung mit *Dührings* „Wirklichkeitsphilosophie" geistesgeschichtlich parallelisiert.

[14] Von *Seydels* Kommentar abgesehen, ist die Bismarck-Verfassung bezeichnenderweise erst nach der Jahrhundertwende und auch dann nur vereinzelt, nämlich von *Arndt* in einem Kurzkommentar und von einem wissenschaftlich zweitrangigen Autor, nämlich *Dambitsch*, kommentiert worden; der wissenschaftliche Verfassungskommentar wurde erst 1912 von *Anschütz* mit dem ersten (einzigen) Band seines Kommentars zur preußischen Verfassung begründet, Vorschule für seinen führenden Kommentar zur Weimarer Verfassung, den er erstmals schon 1921 vorlegte und der in zwölf Jahren 14 Auflagen erreichte; dabei hat dieser beispiellose literarische Erfolg keineswegs noch andere größere „wissenschaftliche" Kommentierungen der Weimarer Verfassung um die verdiente Beachtung gebracht. Zum sozialgeschichtlichen

eine anspruchsvollere, entgegen den hergebrachten Anforderungen an die juristische Dogmatik auf breiter Linie sozialwissenschaftlichen, philosophischen und historischen Interessen sich öffnende monographische Literatur. Bekanntlich hat sich *Laband* über die prinzipielle Kritik an seinem Arbeitsprogramm noch mit der selbstsicheren Feststellung hinweggesetzt, daß die Bekämpfer der juristischen Methode zugleich sich alle Mühe gäben, sie zu befolgen[15], und dementsprechend folgerichtig auch in den späteren Auflagen seines Werkes keinen Anlaß zu einer Abschwächung seiner fundamentalen These gesehen, daß die Dogmatik eines positiven Rechtsstoffes ohne historische, sozialökonomische, politische und philosophische Elemente auskommen könnte und auszukommen hätte — eine Haltung, die Späteren als Ausdruck einer unbegreiflichen wissenschaftlichen Gedankenlosigkeit vorgekommen ist, wohl aber eher als Beweis für Labands sicheres Gespür anzusehen ist, daß jede Dogmatik einen festen Kanon nicht zu problematisierender Entscheidungen zur Voraussetzung hat. Solange die Staatsrechtslehre mehr nur vor die Notwendigkeit gestellt gewesen war, über eine wissenschaftliche Darstellungsmethode speziell für die akademischen Lehrbedürfnisse zu verfügen, nicht aber auch schon über eine Methode praxisbezogener Verfassungshermeneutik, die eine drängende Praxis anforderte und die sich vor ihr zu rechtfertigen hatte, konnte schwerlich auch die Kritik die Art des von Laband unterstellten Kanons in Gestalt eines rezipierten Systems allgemeiner Rechtsbegriffe, das die Leugnung aller Besonderheiten des Verfassungsrechts implizierte, erfolgreich diskreditieren.

Vergegenwärtigt man sich, wie eindeutig die wissenschaftlichen Entwicklungsetappen von den Wandlungen in den literarischen Darstellungsmitteln angezeigt werden, so legt es dies nahe, daß man künftig bei einer besseren Aufarbeitung der positivistischen Periode das Augenmerk vor allem darauf richtet, wie damals von den einzelnen Autoren mit dem Instrument des wissenschaftlichen Lehrbuchs die beiden im Selbstverständnis des klassischen juristischen Positivismus zusammenfallenden Aufgaben der Stoffbewältigung und der Feststellung der geltenden Rechtssätze bewältigt wurden[16]. Bekanntlich ist nicht nur von

---

und sozialpsychologischen Hintergrund des Aufstiegs der Kommentarliteratur feinsinnig A. *Köttgen*, Kommentare zum Grundgesetz, in: AöR, 85. Bd. (1960), S. 65 ff., 68 f. und speziell zu *Anschütz'* begründender Leistung E. *Forsthoff*, Gerhard Anschütz, in: Der Staat, 6. Bd. (1967), S. 139 ff., 143 ff.; zum Ausfall der systematischen Staatsrechtsdarstellungen als einer notwendigen Konsequenz aus der Positivismuskritik auch *Hespe*, S. 55.

[15] Im Vorwort zur 2. Aufl. seines Staatsrechts des Deutschen Reiches.

[16] Genauer gesprochen, bildeten zwar für den klassischen juristischen Positivismus die praktische Aufgabe der Gewinnung der Rechtssätze und die Aufgabe der systematischen Stoffbewältigung zwei verschiedene Aufgaben; aber allein die letztere galt als die eigentlich wissenschaftliche, weil sie in die Fülle des Stoffes den einheitlichen Gedanken des Systems hineinbildete und damit die Rechtssätze, statt sie in der Zufälligkeit ihrer Positivität zu belassen, als

Laband eine systematische Darstellung des Reichsstaatsrechts geliefert worden, sondern auch von anderen führenden Zeitgenossen wie *Georg Meyer, Hänel und Anschütz* mit der Weiterführung des Meyerschen Werkes wie auch seinem eigenen Grundriß in Kohlers Enzyklopädie; weiter von der älteren Generation angehörenden Autoren wie *Mohl* und *Hermann Schulze*, und schließlich auch von Autoren mehr im zweiten Glied wie *Ph. Zorn* und *Arndt*; von den anerkannten Autoren versagten sich dieser Aufgabe eigentlich nur *Jellinek* und *Seydel*, der seiner Vertragstheorie zuliebe nur einen Kommentar schreiben konnte. Hinzu kommen die zahlreichen Darstellungen der Partikularrechte, wie sie sich z. T. in Marquardsens Handbuch vereinigt finden und wie sie spätestens seit dem staatlichen Ende Preußens im literarischen Gesamtbild nahezu völlig ausgefallen sind. Das von diesen Darstellungen Geleistete ist der Gradmesser für jede nähere Einschätzung der positivistischen Periode; sie bezeugen am eindrucksvollsten die relative Einheitlichkeit in den damaligen wissenschaftlichen Überzeugungen; von ihnen aus, d. h. von ihrer Anlage, ihren tragenden Anschauungen und den Unterschieden in der geleisteten Stoffbewältigung, dürfte man daher auch besser als von den bekannten augenfälligeren Differenzen in einzelnen zentralen dogmatischen Konstruktionen wie Gesetzes- oder Bundesstaatsbegriff der Vielfalt auch dieser Periode näherkommen.

Für diese Aufgabe kommt aber nun weit eher eine biographisch-interpretatorische Studie als eine problemgeschichtliche in Betracht. Sie gestattet eine eingehendere Untersuchung des Arbeitsstils und der spezifischen Verstehensvoraussetzungen des einzelnen Autors, ohne die eine nähere Abschätzung seines Anteils an der fachlichen Arbeit nicht möglich ist. Von den zeitgenössischen Fachkollegen *Labands* verdient nun aber sicher am ehesten der Autor eine solche Würdigung, der in den folgenden Abschnitten behandelt werden soll. Schon der zeitgenössischen Staats-

---

aus letzten Prinzipien hervorgehend entwickelte, somit sich in ihr auch die praktische Aufgabe der Gewinnung der Rechtssätze erst vollendete. Besonders schön hat diese die juristische Arbeit krönende Koinzidenz von Stoffbewältigung und praktischer Rechtsinterpretation *Rudolf Sohm* ausgedrückt: „Ihre praktische Aufgabe erfüllt die Rechtswissenschaft also durch den materiellen Gewinn an Rechtssätzen und durch die Herausarbeitung des sachlichen Rechtsinhalts; ihre ideale rein *wissenschaftliche und zugleich*, wie man sagen darf, *künstlerische* Aufgabe dagegen durch die *Form der Darstellung*, welche sie den Rechtssätzen gibt. In der Fülle des Stoffes wollen wir den einheitlichen Gedanken: so wollen wir in der Fülle der Rechtssätze die alles beherrschende Idee. Dieses Bedürfnis des menschlichen Geistes nach Einheit zu befriedigen ist die ideale Aufgabe der Jurisprudenz... Der Form nach verschwindet durch die Vorherrschaft des Begriffs die Positivität des Rechts. Die Wissenschaft verfährt, als ob sie jene Rechtssätze aus gewissen allgemeinen Prinzipien frei hervorbrächte... Daher ergibt sich aus idealen Instinkten der Rechtswissenschaft das Suchen nach dem *Rechtssystem*, d. h. nach einer *Form der Darstellung*, welche die ganze Masse des Rechts als die freie Entfaltung eines einzigen Begriffs, des Begriffs des Rechts, zur Anschauung bringt." (Institutionen des römischen Rechts, 1884, S. 15 f.)

rechtswissenschaft hat *Albert Hänel* als einer ihrer besten Vertreter gegolten; sie stellte ihn ohne Zögern neben *Laband* und *Max von Seydel* und bescheinigte ihm vorbehaltlos den Rang eines Mitbegründers der neuen Reichsstaatsrechtswissenschaft. Auch die nachpositivistische Staatsrechtswissenschaft zählt ihn zu den „Klassikern" (*Smend*) des Bismarckschen Verfassungsrechts und bewertet ihn als die im engeren fachlichen Umkreis wichtigste innerpositivistische Gegenfigur zu Laband für die ersten Jahrzehnte des neuen Reiches. So zahlreich aber auch die achtungsvollen Reverenzen für Hänel und sein Werk sind, eine zusammenhängende Auseinandersetzung mit dessen Problemen steht noch aus[16a]. Bei allem Wandel der Probleme sind die seiner Arbeit zu verdankenden Klärungen zu einem erheblichen Teil noch immer ein unmittelbar wirksames Element in der verfassungsrechtlichen Diskussion. Aber es scheinen auch viele der von ihm angebahnten Klärungen bis heute in ihrer Tragweite kaum schon bemerkt worden zu sein. Schon *Adolf Merkl* nannte Hänel unter Bezugnahme auf seine Gesetzes- und Verwaltungstheorie den „unerkannten Führer und Vater" grundlegender späterer Lehren[17]. Vor allem aber wirken Hänels Erkenntnisse isoliert und abgelöst von der Art ihrer Erarbeitung, geben nicht den Blick frei auf das Werk im ganzen, dessen geistige Grundlagen und tragende Erfahrungen.

Dabei bekundet sich in Hänels Werk nicht weniger als in *Labands* Werk, wenn auch auf völlig andere Weise, der mit der Reichsgründung für das Fach eingeleitete Epochenumschwung, der im heutigen Rückblick klarer als damals als Bruch mit einer reichen, durch die staatliche Neuordnung keineswegs zur Gänze entwerteten wissenschaftlichen Vergangenheit erscheint. Sein Werk ist auch nicht nur reich an scharfsinnigen begrifflichen Klärungen und dogmatischen Konstruktionen, die ein wesentliches Bestandsstück im Erbe der positivistischen Epoche bilden und überwiegend gegen die gängigeren positivistischen Konstruktionen polemisieren. Es überrascht vor allem durch das sorgfältige Eingehen auf die Heterogenität und die Unfertigkeiten des verfassungsrechtlichen Stoffes, dessen Gegebenheiten Hänels Darstellung weit besser gerecht wird als Labands großzügigere Darstellung mit ihrer an handelsrechtlichen Kategorien geschulten formalistischen Disziplin. Schließlich krönt dieses Werk ein stoffhaltiges „Deutsches Staatsrecht", das gegenüber Labands Darstellung wie den anderen farbloseren Gesamtdarstellungen einen weit ausholenden andersartigen Entwicklungsversuch des staatsrechtlichen

---

[16a] Erst nach Abschluß des Manuskripts erfahre ich, daß auch *Stephan Graf Vitzthum* in seiner noch unveröffentlichten Freiburger juristischen Dissertation Albert Hänel behandelt; diese Arbeit konnte ich leider nicht mehr berücksichtigen. Die Hauptergebnisse dieser Arbeit sollen nach freundlicher Auskunft von Prof. *Alexander Hollerbach*, Freiburg, demnächst auch von einem Aufsatz im Archiv des öffentlichen Rechts dargeboten werden.
[17] Die Lehre von der Rechtskraft, 1923, S. 189.

Stoffes unternimmt. Allerdings hat es mit diesem Versuch so wenig wie mit seinem Widerspruch gegen die von der Mehrheit des Faches vertretenen dogmatischen Entscheidungen der von Laband angeführten Entwicklung eine andere Richtung geben können. So erscheint es als ein Werk, das in seiner materialen Dichte wesentlich über den zeitgenössischen fachlichen Arbeitsstandard hinausgeht, zugleich aber in seiner Wirksamkeit stärker und unverdient gehemmt gewesen ist. Es reizt nicht nur erkenntnisbiographisch, den Gründen für diese gehemmte Wirksamkeit nachzugehen. Vielmehr verspricht die Aufhellung dieser Gründe auch dazu beizutragen, daß im ganzen von der positivistischen Epoche ein in vieler Hinsicht geklärteres Bild sich ergibt. Jedenfalls dürfte die Befragung dieses Werkes für das Gesamtverständnis der positivistischen Staatsrechtswissenschaft im vorigen Jahrhundert mehr aufschlußreiche Hinweise liefern als die Befragung des Werkes von jüngeren Zeitgenossen wie *Anschütz* oder *Triepel*, deren wissenschaftliche Ausbildung zwar ebenfalls ins 19. Jh. zurückreicht, deren ausgereifte Leistungen aber erst in unser Jahrhundert gehören. Es kommt uns im folgenden auf eine Interpretation des Hänelschen Werkes vornehmlich unter diesem Gesichtspunkt an. Damit soll das von jenen Studien entworfene Bild ergänzt und bereichert werden, die in der letzten Zeit von berufenerer Seite über Heinrich Triepel und Gerhard Anschütz vorgelegt wurden[18].

---

[18] *R. Smend*, Heinrich Triepel, a.a.O.; *A. Hollerbach*, Zu Leben und Werk Heinrich Triepels, in: AöR, 91, Bd. (1966), S. 417 ff.; *E. Forsthoff*, Gerhard Anschütz, a.a.O.

Zweiter Abschnitt

Der biographische Hintergrund: Universitätslehrer und Honoratiorenpolitiker

Eine Skizze von Hänels Leben und seines vielseitigen öffentlichen Wirkens schicke ich voraus[1]. Es geschieht dies nicht nur des besseren Verständnisses des wissenschaftlichen Werkes und seiner geistigen Quellflüsse wegen. Hänels Biographie ist darüber hinaus auch allgemein für die Geschichte des deutschen Bürgertums im 19. Jh. von Interesse, liefert für ein Kollektivporträt seines akademischen Zweiges manche bezeichnende, keineswegs nebensächliche Einzelheit. Mit der erfolgreichen akademischen Karriere verbindet sich jahrzehntelang eine zumindest äußerlich noch erfolgreichere politisch-öffentliche Karriere, für die nicht die spätere Rollenverengung kennzeichnend ist, sondern noch die breit gefächerte

---

[1] Vgl. hierzu *Robert Scheyhing*, in: NDB, VII, S. 451 mit vereinzelt aber unrichtigen Angaben und Lit.; die Hinweise bei *E. Döhring*, Geschichte der Christian-Albrechts-Universität Kiel 1665 - 1965, Bd. III, T. I: Geschichte der juristischen Fakultät 1665 - 1965, Neumünster 1965 und: Albert Hänel. Drei akademische Reden zu seinem Gedächtnis. Von den Professoren an der Universität Kiel *Otto Baumgarten, Moritz Liepmann* und *Walter Jellinek*, Kiel 1919; von *W. Jellinek* auch: Albert Hänel und Schleswig-Holstein, in: Zs. der Gesellschaft f. Schleswig-Holsteinische Geschichte, Bd. 48 (1918). Der umfangreiche schriftliche Nachlaß Hänels, nach W. Jellineks Angaben bestehend aus von Hänel selbst sorgfältig geordneten Briefen, Zeitungsausschnitten und Aufzeichnungen für Vorträge und gelegentliche Gutachten, ist mit Ausnahme eines im Juristischen Seminars der Universität Kiel aufbewahrten Restes (17 Faszikel) während des Zweiten Weltkrieges entweder bei einer Auslagerung oder einem Bombenangriff verloren gegangen. Von W. Jellinek ist der Nachlaß zusammen mit persönlichen Mitteilungen von Personen, die Hänel nahegestanden haben, noch verwertet worden; auch *Felix Rachfahl* hat für seine Arbeit über Eugen Richter (Zeitschr. f. Politik, 1912, S. 261 ff.), die am eingehendsten Hänels Rolle in der linksliberalen Reichstagsfraktion behandelt, nach seiner eigenen Mitteilung in Hänels Papiere noch Einsicht nehmen können. Der erhalten gebliebene Rest enthält vornehmlich Materialien über die Jahre 1864 - 66, akademische und andere Ehrungen für Hänel, persönliche Briefe an Hänel sowie einige Zeitungsausschnitte anläßlich seines Todes und ist offenbar deshalb erhalten geblieben, weil er in den Zwanzigerjahren vom übrigen Nachlaß zu den Zweck abgesondert wurde, um gemäß einer Bestimmung in Hänels Testament diejenigen Schriftstücke auszusondern, die aus Anlaß einer ihm anvertrauten rechtlichen Vertretung in seine Hände gekommen waren, bzw. von ihm zu diesem Zweck geschrieben wurden und nach seinem Willen an die Interessenten, bzw. ihre Erben ausgehändigt werden sollten. Der Nachlaß muß aber auch die Handschriften zu Hänels veröffentlichten und nichtveröffentlichten wissenschaftlichen Werken enthalten haben; das Testament erwähnt sie ausdrücklich und empfiehlt ihre zweckmäßigste Aufbewahrung für künftig.

Interessenskala selbstsicherer liberaler Honoratiorenpolitik. Bürgerliches Selbstbewußtsein und Überlegenheitsgefühl, wie sie im Wissen um die eigene Leistung und den darauf beruhendem eigenen Wert gründen, haben bei der Wahl dieser beiden Laufbahnen offenbar ebenso Pate gestanden wie sie es ausgeschlossen haben, daß Hänel zu irgendeinem Zeitpunkt die Verbindung von akademischem Lehramt und praktischer Politik problematisch wurde. Der Kampf um die Fortentwicklung der halbfeudalen und halbkonstitutionellen deutschen Gesellschaft zu einer stärker von humanistischen Werten bestimmten liberal-demokratischen Gesellschaft mit einem größeren Spielraum für ihre antagonistischen Kräfte ist die große Linie in seiner öffentlichen Tätigkeit. Bei näherem Hinsehen lassen sich allerdings auch an ihm Züge entdecken, die darauf verweisen, daß die nach 1871 verstärkt eingesetzte schärfere Abgrenzung des deutschen Bürgertums nach unten bei gleichzeitiger zunehmender Anlehnung an die alten feudalen Herrenschichten auch auf ihn nicht ohne Einfluß geblieben ist. Aber in seinem Fall betrifft dies doch mehr die Linie in der praktischen Politik und allenfalls völlig untergeordnete Erscheinungen in der äußeren Lebensweise — seine bürgerliche Gesinnung hat er bei keiner Gelegenheit verleugnet und noch weniger fremde Formen kopiert. Die bewußte Bewahrung des Erbes der deutschen bürgerlichen Intelligenz aus der ersten Jahrhunderthälfte ist der weit stärker hervortretende Grundzug in seinem Leben und öffentlichen Wirken; mit den besten Repräsentanten seiner Klasse hat er die charakteristische Überschätzung der ideellen Prinzipien, den Zug zu einer Idealisierung der geistig-sittlichen Grundlagen des gesellschaftlichen Lebens geteilt. Wenn man im ganzen vom deutschen Bürgertum im 19. Jh. gemeint hat[2], daß seine eigentlichen politischen Leistungen mehr im Untergrund gelegen hätten, in der Ausbildung und Fortentwicklung des geistigen und materiellen Lebens, auf dem erst das politische Leben der Nation aufbauen konnte, ihm aber die politische Herrschaft letztlich ein fremdes Element geblieben wäre und es sich allzusehr dem geistigen Meinungskampf verpflichtet hätte, als daß es die festgegründete Macht der alten Herrschaftsträger wirklich hätte erschüttern können, so bestätigt dieses Urteil auch seine Biographie. Seine politischen Verdienste liegen mehr auf dem Gebiet des ruhigen Ausbaus der Reichsgesetzgebung und des unermüdlichen kommunalpolitischen Wirkens; auch er ist ein Gescheiterter in

---

[2] Vgl. *F. Zunkel*, Der Rheinisch-Westfälische Unternehmer, 1834/79, Köln 1962. Teilweise abgedruckt in: Moderne deutsche Sozialgeschichte (= Neue Wissenschaftl. Bibliothek 10), hrsg. v. *H.-U. Wehler*, 1966, S. 309 ff. Ein ähnlich überzeugendes Kollektivporträt über das deutsche akademisch-wissenschaftliche Bürgertum im 19. Jh. steht leider noch aus. Auch die glänzende, zehn Jahre zu spät kommende Darstellung von Deutschlands konservativen Führungsschichten am Vorabend des Ersten Weltkrieges von *O. Graf zu Stollberg-Wernigerode*, Die unentschiedene Generation, 1968, spart leider den akademisch-wissenschaftlichen Bestandteil in den deutschen Führungsschichten aus.

dem Bemühen, den politischen Niedergang des Liberalismus aufzuhalten und ihm seine führende Stellung im öffentlichen Leben zu bewahren.

Geboren ist er am 10. Juni 1833 in Leipzig und aufgewachsen in einem bürgerlichen Elternhaus mit einer reichen Mitgift an innerer Kultur und weltoffener Empfänglichkeit. Hier waren bürgerliche Bildungstraditionen im besten Sinne zu Hause, das Bekenntnis zum Liberalismus lange vor der Jahrhundertmitte schon Selbstverständlichkeit. Den Vater, Professor der Medizin in Leipzig, hat Hänel, da er schon vor seiner Geburt verstarb, nicht mehr kennengelernt; die Mutter entstammte einer im Sachsen-Altenburgischen beheimateten Beamten- und Advokatenfamilie. Drei Jahre nach Hänels Geburt verehelichte sie sich mit dem Schriftsteller und späteren Wiener Burgtheaterdirektor Heinrich Laube, der dem Heranwachsenden offenbar in jeder Weise den Vater ersetzte. In dessen Entwicklung hat jedenfalls die energische, sinnesstarke und eindrucksvolle Persönlichkeit des Stiefvaters, von dem wir uns aufgrund seiner Lebenserinnerungen ein gutes Bild machen können, manche leicht ausmachbare Spur hinterlassen. Großbürgerlicher Lebensstil und die noble, tolerante, aber auch selbstbewußte Art im Umgang mit anderen, die alle von Hänel berichten, die ihn gekannt haben, sind sicher auch vom Stiefvater her mitgegeben worden, ebenso wohl auch das ausgeprägte schöngeistige Interesse. Wir denken dabei vor allem an Hänels intensives Verhältnis zur bildenden Kunst; der so sehr praktischem Wirken Zugewandte war zugleich ein offenbar urteilssicherer Liebhaber der bildenden Kunst, besonders der Malerei seines Jahrhunderts, und ein unermüdlicher privater Sammler von Kunstwerken, der dank seiner guten Vermögensverhältnisse sich eine auserlesene Kunstsammlung leisten konnte; die öffentliche Kunstpflege in seiner Wahlheimat Schleswig-Holstein verdankt ihm über einen langen Zeitraum eine nachhaltige Förderung[3]. Wie sehr sich Laube die Entwicklung seines Stiefsohnes angelegen sein ließ, belegt ein Vorgang, den er in seinen Lebenserinnerungen zu erwähnen nicht für überflüssig hält. Wo er über seine Wahl in die Frankfurter Nationalversammlung schreibt, berichtet er, daß er den Fünfzehnjährigen unverzüglich nach Frankfurt rief und ihm einen Platz in der Paulskirche verschaffte, von wo aus er für drei Wochen den parlamentarischen Verhandlungen beiwohnen konnte. Umgekehrt können wir auch von Hänel

---

[3] Hänel war von 1890 - 1917 Vorsitzender des Schleswig-Holsteinischen Kunstvereins, saß zeitweilig in seiner Ankaufskommission, präsidierte 1896 der Landeskunstausstellungskommission und gehörte zu den Gründern des Kieler Goethebundes. Vgl. dazu W. *Jellinek*, Albert Hänel und Schleswig-Holstein, S. 345. Von Hänels privater Kunstsammlung sind nach seinem Tod ca. 70 Gemälde und Aquarelle, darunter ein Feuerbach, ein Liebermann und mehrere Rohlfs, die gesamte Kupferstichsammlung sowie die Skulpturen in den Besitz der Kieler Kunsthalle übergegangen.

manches Zeugnis für die treue Anhänglichkeit beibringen, die er stets seinem Stiefvater erwies. So arbeitete er aktiv an der Herausgabe von Laubes gesammelten Werken mit, widmete ihm die erste seiner „Studien zum Deutschen Staatsrecht" und betrieb mit großer Energie die Errichtung seines Denkmals in seiner Geburtsstadt Sprottau, bei dessen Einweihung er selbst Zeugnis von der starken Prägung abgelegt hat, die er dem Stiefvater verdankte; noch einige testamentarische Verfügungen zugunsten der Stadt Sprottau sind auf die Wahrung des Ansehens des Stiefvaters und die Sorge um seine Nachkommen bedacht.

Die Stationen des von Anfang an rechtswissenschaftlichen Studiums waren Wien, Heidelberg und Leipzig; die akademischen Lehrer vor allem Wächter, der Onkel Gustav Hänel, Mohl und Albrecht, der von den akademischen Lehrern offenbar den stärksten Eindruck gemacht hat; in den dauernden wissenschaftlichen Ansichten erweist sich allerdings der Einfluß *Mohls* als nachhaltiger, dessen altliberale Gesellschaftslehre, politischer Wirklichkeitssinn und Verständnis der innerstaatlichen Beziehungen als korrelativer Rechtsverhältnisse zeitlebens erkenntnisleitend geblieben sind. 1854 Bakkalaureus, 1856 Notar und Anwalt, Ende 1857 Promotion zum Dr. jur. in Leipzig mit dem ersten Band einer deutschrechtlichen Arbeit über das Beweissystem des Sachsenspiegels[4], Anfang 1858 dort auch Habilitation mit dem zweiten Band dieser Arbeit[5], 1859 Heirat mit der Witwe eines Leipziger und Berliner Buchhändlers und Verlegers. Auch die anschließenden Arbeiten, soweit sie nicht tagespolitisch sind, eine Edition der Goslarer Rechtsquellen (1862), die akribische Abhandlung über die eheliche Gütergemeinschaft in Ostfalen (Zeitschr. f. Rechtsgeschichte, 1. Bd., 1861) sowie die lockere Skizze über Melanchthon als Juristen (ebd., 8. Bd., 1869), stehen noch ganz im Zeichen des germanistischen Anfangs und machen den Eindruck, als ob Hänel zunächst in der Erforschung der deutschen Rechtsvergangenheit überhaupt seine wissenschaftliche Lebensaufgabe gefunden hätte. Aber auch in der späteren Arbeit am Staatsrecht hat ihn die Herkunft aus dem Kreis der historischen Germanisten noch nachhaltig bestimmt. Sie tritt nicht nur im Anschluß an *Gierkes* umfassende wissenschaftliche Intention zutage, dessen Arbeiten er als „Stütze und Stab" für jedes Nachdenken über den korporativen Verband bezeichnet hat[6], sondern überhaupt im Festhalten an der Notwendigkeit der Konzeption einer Staatstotalität im Sinne der Paulskirche als fruchtbarer Bearbeitungsgrundlage auch für die Bis-

---

[4] Speculum Saxonicum et Suevicum quatenus in jure probandi inter se discrepent sive congruant, exponitur. Pars prior. Lipsiae 1857 (Jur. Diss. v. 28. 12. 1857).
[5] Das Beweissystem des Sachsenspiegels, 2 Bde., 1858.
[6] Deutsches Staatsrecht, Erster Band, Leipzig 1892, S. 81 N. 1; vgl. dazu auch *Erich Kaufmann* im Vorwort zu seinen Gesammelten Schriften, Bd. I, 1960, S. XIII.

marcksche Verfassung[7], in der überall durchscheinenden festen Überzeugung vom geschichtlich-organischen Charakter der politischen Entwicklung und der dementsprechenden, allerdings nicht unkritisch-quietistischen Bejahung des Bismarckschen Einigungswerkes als Vollendung der nationalen Verfassungsentwicklung, in der Interpretation des Gangs der Verfassungsbildungen stets auch von den zentralen politischen Zielen und Vorstellungen her. Und weiter wird diese Herkunft an der im Vergleich mit den zeitgenössischen Lehrbüchern so ungewohnt breit erscheinenden Darlegung der staatsrechtlichen Grundverhältnisse im großen Lehrbuchtorso greifbar, an der hier entwickelten Auffassung des Staates als des abschließenden Gliedes in der Reihe der korporativen Verbände, die dieselbe Tendenz zu einer harmonisierenden Einebnung der Spannungen zwischen politischem Ideal und realen Verhältnissen aufweist, wie sie schlechterdings für das Denken der älteren historischen Germanisten charakteristisch ist[8]. Germanistisches Erbgut ist nicht zuletzt aber auch natürlich die konkrete Art der Bearbeitungsweise der staatsrechtlichen Probleme, die Sicherheit, mit der die klassischen juristischen Auslegungsregeln, die nach Sprachsinn, Logik, Zweck und Entstehungsgeschichte, gehandhabt werden und zugleich immer die tieferen geschichtlichen Wurzeln jeder Norm präsent gemacht werden, ohne daß je das Historische das Juristische verdrängt. — An die Leipziger Habilitation schließt sich bald (1861) eine Berufung als Extraordinarius nach Königsberg an. 1862 Ablehnung eines Rufes nach Greifswald und noch im gleichen Jahre Ernennung zum ordentlichen Professor in Königsberg.

Im Sommer 1863 folgte Hänel einem Ruf als Ordinarius für deutsches Privatrecht, Kirchenrecht, deutsche Staats- und Rechtsgeschichte, Staatsrecht und holsteinisches Partikularrecht nach Kiel; Nachfolger auf seinem Königsberger Lehrstuhl wurde Laband. Die Übernahme der Kieler Professur, von der es zunächst schien, daß sie wegen des plötzlich zum Ausbruch gekommenen schleswig-holsteinischen Thronfolgestreits, der spontan von der Kieler Universität aus aufgenommenen Verfechtung der Landesrechte gegen Dänemark und der deswegen zu erwartenden dänischen Pressionen nicht länger als hundert Tage dauern würde[9], wurde zum wichtigsten Einschnitt nicht nur in seiner wissenschaftlichen Entwicklung, die akademische Laufbahn war damit zum Abschluß gekommen. Fast 55 Jahre, bis zu seinem Tode, ist Hänel mit der Kieler Universi-

---

[7] So *Smend* über Hänels Staatsrecht, Staatsrechtl. Abhandlungen, S. 234.
[8] Zum Geschichtsverständnis und politischen Denken der Germanisten vor allem die schöne zusammenfassende Charakteristik bei *E.-W. Böckenförde*, Die deutsche verfassungsgeschichtliche Forschung im 19. Jahrhundert, 1961.
[9] So am 17.11.1863 der ebenfalls im Sommer 1863 nach Kiel berufene Althistoriker *A. von Gutschmid* über seine und Hänels Professur in einem Brief an Heinrich von Treitschke, in: Von Kieler Professoren, Briefe aus drei Jahrhunderten zur Geschichte der Universität Kiel, hrsg. v. *M. Liepmann*, 1916, S. 316.

tät, mit Kiel und mit seiner „ersessenen" Wahlheimat Schleswig-Holstein verbunden gewesen, dank der unbestrittenen Autorität seiner fachwissenschaftlichen Leistungen, die ihn zu einem Mitbegründer der neuen Reichsstaatsrechtswissenschaft machten, seiner charaktervollen Wesensart und seiner angesehenen Stellung im öffentlichen Leben des Landes und des Reiches geistiger und sittlicher Mittelpunkt der kleinen Kieler Juristenfakultät. Die Lage der Kieler Universität, die vor der Lösung der Verbindung Schleswig-Holsteins mit Dänemark eine geistige und politische Macht im Leben des Landes und darüber hinaus gewesen war, war in den Jahren nach der Einverleibung Schleswig-Holsteins in Preußen oft nicht einfach; das enge Verhältnis zwischen Land und Landesuniversität lockerte sich, die von Berlin aus energisch betriebene Angleichung an den preußischen Standard brachte manche Schwierigkeiten mit sich und verletzte manches berechtigte Eigeninteresse; die durch den Gang der politischen Ereignisse hervorgerufenen Entfremdungen, Feindseligkeiten und persönlichen Verketzerungen zwischen intransigenten Augustenburgern und preußisch-deutschen Patrioten wirkten bis in den engsten kollegialen Kreis. Besonders aber war die kleine juristische Fakultät von Umstellungsschwierigkeiten betroffen: Die Beschäftigung mit den besonderen schleswig-holsteinischen Rechtsfragen, zwei Jahrhunderte lang Dominante in der Fakultätsarbeit, trat bald in den Hintergrund, und der Wegfall der bis 1867 bestandenen Verpflichtung zum zweijährigen Besuch der Landesuniversität für solche Rechtsstudenten, die später eine Anstellung als Richter oder Verwaltungsbeamter in Schleswig-Holstein finden wollten, führte zunächst sogar zu einem fühlbaren Absinken der Hörerzahlen; in den siebziger Jahren war die Zahl der Rechtsstudenten zeitweise auf nicht mehr als 20 bis 30 zusammengeschrumpft[10]. Das Interesse an der Hebung der schwachen Hörerfrequenz überlagerte naturgemäß besonders in der Berufungspolitik alle anderen Überlegungen; bei neuen Berufungen an die kleine Fakultät, die selbst noch um 1900 nur über fünf ständige Ordinariate und zwei Extraordinariate verfügte, konnte von vornherein manche Persönlichkeit nicht in Betracht gezogen werden, die in ihrer bisherigen Lehrtätigkeit einen größeren Hörerkreis um sich gesammelt hatte, mit dem sie in Kiel nicht mehr hätte rechnen können. Wenn dennoch die Unterstellung unter die neue Verwaltung verhältnismäßig reibungslos gelang und auch unter ihr die Tradition und berechtigte Eigeninteressen erfolgreich gegen schablonenhafte Einebnungsversuche von oben gewahrt werden konnten, so hat daran Hänel, der auch außerhalb des universitären Bereichs die Landesinteressen geschickt und erfolgreich zu verteidigen wußte[11], einen entscheidenden Anteil gehabt.

---

[10] Vgl. dazu *Döhring*, S. 159 ff.
[11] Worauf noch im Bericht über Hänels politisches Wirken zurückgenommen wird.

In ihm, um den sich andere Universitäten vergeblich bemüht haben[12], besaß die Fakultät einen unermüdlichen Anwalt ihrer Interessen und korporativen Rechte, der, wie er sich in seiner gesamten politischen Arbeit stets für die umfassendere Durchführung der rechtsstaatlichen Grundsätze einsetzte, auch innerhalb der Universität jederzeit für geistige und politische Toleranz gegen vorwaltende Zeitströmungen und bürokratische Schematisierungen eintrat und mit seinem Einfluß dahin wirkte, daß in dürftiger Zeit in der Kieler Juristenfakultät mehr als anderswo das Bewußtsein für die Verbundenheit der Arbeit des Juristen mit der Arbeit in den anderen Fächern erhalten blieb. In demselben Sinne, in dem er sich in seiner berühmten Begründung zur „Interpellation Hänel" im preußischen Abgeordnetenhaus am 15. November 1880 als einer der ersten öffentlich gegen die Benachteiligung der jüdischen Bürger in ihren staatsbürgerlichen Rechten und gegen die zweite Welle der aufkommenden antisemitischen Agitation gewendet hat und damit eine zweitägige parlamentarische Debatte entfachte, hat er stets auch innerhalb der Universität dezidert Stellung genommen[13]. 1892/93 bekleidete er das Amt des Rektors der Kieler Universität, damals normalerweise eine mehr am Ende der Lehrtätigkeit dem Betreffenden zuteil werdende Ehrung, worauf indessen noch eine fünfzehnjährige aktive Mitarbeit in Fakultät und Lehre folgte; anläßlich seines 50jährigen Doktorjubiläums am 28. 12. 1907 ehrte ihn seine Fakultät mit einer Festgabe, von deren Beiträgen allerdings nur einer, der von Kurt Perels über Stellvertretende Bevollmächtigte zum Bundesrat, sein wissenschaftliches Arbeitsgebiet, das Staatsrecht, angeht; 1903 verlieh ihm die Staatswissenschaftliche Fakultät der Tübinger Universität, 1913 die Philosophische Fakultät der Kieler Universität den Ehrendoktor. Noch über den Tod hinaus erwies Hänel der Kieler Universität und ihrer juristischen Fakultät seine Verbundenheit: Als Erben seines über eine Million Mark betragenden Vermögens setzte der am 12. 5. 1918 ohne direkte Erben Verstorbene nach Abzug einiger Legate ad personam sowie für den schleswig-holsteinischen Kunstverein und die Stadt Sprottau, den Geburtsort seines Stiefvaters, die Kieler Universität ein mit der Verpflichtung zur Errichtung einer Stiftung, deren Erträge der Förderung der Geisteswissenschaften zufließen sollten; sein Kieler

---

[12] Hänel hat einen Ruf nach Zürich wie nach Bonn abgelehnt.
[13] Vgl. dazu den bezeichnenden Hinweis bei *Otto Baumgarten*, Meine Lebensgeschichte, 1929, S. 115. In seinem Bericht über die Geschichte der Kieler Juristenfakultät in der in der nationalsozialistischen Zeit erschienenen Jubiläumsschrift über die Kieler Universität nennt E. *Wohlhaupt* Hänel, allerdings unter Bezugnahme auf seine späteren Jahre, einen „gelegentlich eigenwilligen Fakultätsgenossen" und bemerkt dazu in einer Fußnote: „Das Protokollbuch II läßt manchen scharfen Strauß erkennen, der da ausgefochten wurde." (Festschr. z. 275jährigen Bestehen der Christian-Albrechts-Universität Kiel, 1940, S. 100).

Wohnhaus mit seiner umfangreichen Bibliothek diente von 1919 - 30 der Kieler Universität als Juristisches Seminar.

So bedeutend Hänels akademische Stellung gewesen ist, so ist doch seine Lehrtätigkeit infolge der Beanspruchung durch die parlamentarische Arbeit offenbar nicht sehr umfangreich gewesen; seine eindrucksvolle Beredsamkeit, in ihrer von Eitelkeit nicht freien Pathetik schon dem Zeitempfinden nicht mehr ganz gemäß und von Bismarck gelegentlich mit dem milden Spott bedacht, daß er gegen sie mit seinem „hausbackenen Deutsch" nicht aufzukommen vermöge[14], stellte er vornehmlich in den Dienst der beiden Parlamente, denen er, neben dem Kieler Stadtparlament und zeitweilig auch dem Provinziallandtag, viele Jahre angehörte: dem Reichstag (1867 - 93 und 1898 - 03) und dem preußischen Abgeordnetenhaus (1867 - 88). Auch einer besonderen Frequenz scheinen sich seine Kollegs gegenüber denen der Fachkollegen nicht erfreut zu haben[15]; seine anschauliche, nicht schablonenhafte Darstellung, in umfassenden Sachwissen gegründet, scheint indessen nach studentischen Zeugnissen nachhaltig auf viele Hörer gewirkt zu haben; die kraftvolle, rhetorisch untermauerte diskursive Gedankenführung, die seine staatsrechtlichen Arbeiten auszeichnet, hat sicher auch seine Seminare bereichert und ihnen ihre besondere Note verliehen. Der Konzentrierung der akademischen Lehrtätigkeit kam es zugute, daß er frühzeitig seine Lehrverpflichtungen, entsprechend seinen politischen und literarischen Interessen, auf das Staats-, Verwaltungs- und Völkerrecht beschränkte; das deutsche Recht, sein wissenschaftlicher Ausgangspunkt, mußte schon in den siebziger Jahren von anderer Seite wahrgenommen werden, bis es dann später auch formell von seiner Lehrverpflichtung abgetrennt wurde, und ebenso mußte das ebenfalls zu seiner Lehrverpflichtung gehörende Kirchenrecht frühzeitig von anderen Lehrstuhlinhabern vertreten werden, am längsten von Friedrich Arnold Brockhaus, der ihm von den Kieler Kollegen offenbar am nächsten gestanden hat und in seiner Monographie über die delikate Kontingentsverfassung des deutschen Heeres (Das deutsche Heer und die Kontingente der Einzelstaaten, 1888) in allen Kernpunkten auf seine Thesen sich stützte; im Völkerrecht schließlich, dessen Pflege er sich gelegentlich auch literarisch durch eine Kommentarausgabe der Reichsgesetze über Konsularwesen und Seeschiffahrt angenommen hat (mit Th. Lesse, 1875), wurden die Vorlesungen seit der Jahrhundertwende von Theodor Niemeyer übernommen. Das Drängen der Fakultät, durch die Errichtung eines zweiten öffentlichrechtlichen Ordinariats Hänel befriedigender von seinen weitgespannten

---

[14] Stenogr. Ber. des Deutschen Reichstags, Sitzung v. 24. 1. 82, S. 900.
[15] Vgl. zu Hänels Vorlesungen und Übungen neben *Döhring*, S. 170, 181, die auf Schilderungen der Professoren Kurt Perels und Richard Maschke beruhende Darstellung in *Jellineks* Gedächtnisrede, S. 26.

Lehrverpflichtungen zu entlasten und der gestiegenen Bedeutung der publizistischen Kernfächer besser Rechnung zu tragen, stieß bis in die ersten Jahre des Jahrhunderts in Berlin auf taube Ohren; erst 1908 wurde der Fakultät ein zweites Ordinariat für Staats-, Kirchen- und Völkerrecht bewilligt, aber auch nur als vorübergehende Einrichtung, da es schon nach Hänels Entpflichtung wieder wegfallen sollte, 1912 dann wenigstens noch ein öffentlichrechtliches Extraordinariat. In den letzten Jahren vor seiner Entpflichtung zum 1. 4. 1911 konnte Hänel, mit zunehmendem Alter zu verstärktem Eigensinn und persönlicher Abkapselung neigend, noch erleben, daß einige Angehörige der jüngeren, bzw. mittleren Generation in Kiel ihre Lehrtätigkeit in den publizistischen Fächern aufnahmen, die ihn in ihrer wissenschaftlichen Arbeit mehr als einen anderen Älteren als richtungweisend betrachteten und dann in den Zwanzigerjahren als die Erneuerer der erstarrten staatsrechtlichen Denkweise hervortreten sollten: Das neu errichtete öffentlichrechtliche Ordinariat übernahm ab Wintersemester 1908/09 *Heinrich Triepel*, dessen baldigen Übergang in „größere Verhältnisse" Hänel schon bei einer ersten Begrüßung des Neuberufenen voraussahne[16]; 1908 habilitierten sich in Kiel *Erich Kaufmann* und *Rudolf Smend*. Noch ein weiterer der geistigen Wegbereiter aus den Zwanzigerjahren, *Hermann Heller*, hat seine akademische Laufbahn in Kiel, allerdings erst nach 1918, begonnen.

Da es auf diesen Seiten um die Bedeutung Hänels für die Entwicklung der Staatsrechtswissenschaft geht, kann hier auf den Parlamentarier Hänel und seine Rolle als eines der Häupter der Partei des linken bürgerlichen Liberalismus nur verhältnismäßig kurz eingegangen werden; eine ausführlichere Würdigung dieser seiner Rolle könnte nur im Zusammenhang mit einer Geschichte des deutschen Liberalismus überhaupt gegeben werden; einige gründliche Vorarbeiten dazu liegen im übrigen auch vor[17]. Im besten Sinne verkörpert Hänel den Typ des politischen Professors in einer Periode, in der der Anteil der Publizisten und der verfassungspolitisch interessierten Historiker in den Parlamenten schon rückläufig geworden war. Er ist freilich sowohl in den 70er Jahren wie auch danach nicht der einzige von seinen Fachkollegen gewesen, der sich mit Hingabe der parlamentarischen Arbeit gewidmet hat. *Georg Meyer* z. B., neben Laband der erfolgreichste staatsrechtliche Lehrbuchautor der Zeit, hat ebenfalls lange Zeit dem Reichstag angehört, als eines der „arbeitskräftigsten" Mitglieder in der nationalliberalen Reichstagsfrak-

---

[16] In einem Brief an Triepel vom 31. 10. 08; nach *A. Hollerbach*, Zu Leben und Werk Heinrich Triepels, a.a.O., S. 419.

[17] *Hans-Georg Hermann Kiehl*, Albert Hänel und der Linksliberalismus im Reichstagswahlkreis Kiel - Rendsburg - Plön 1867 bis 1884, Diss. phil. Kiel 1966 (Maschinenschrift); *Hans Ohlen*, Albert Hänel und die Schleswig-Holsteinische Städteordnung vom 14. April 1869, Diss. jur. Heidelberg 1930; *F. Rachfahl*, Eugen Richter und der Linksliberalismus im Neuen Reiche, a.a.O.

tion[18], wo er eine in manchem ähnliche Stellung wie Hänel im linken Liberalismus innehatte; von den Älteren saß nicht nur *Gneist*, sondern auch der unermüdliche, der bayerischen Abgeordnetenkammer über mehrere Wahlperioden angehörende *Heinrich Marquardsen* lange im Reichstag, und andere wieder, wie der in Württemberg einflußreiche *Otto Sarwey*, *Gerber* und nicht zuletzt *Laband* nach der staatsrechtlichen Neuordnung in Elsaß-Lothringen, verschmähten keineswegs den ihnen angetragenen Platz in der ersten Kammer, der infolge der normalen Nichtbeteiligung eines großen Teils der Kammermitglieder an der parlamentarischen Arbeit durchaus nicht ein geruhsamer zu sein brauchte, wie es sich darstellt, wenn man nur an die Freistellung von Wahl- und Agitationsarbeiten denkt. Hänels parlamentarische Tätigkeit fällt aber doch aus dem Rahmen des Vergleichbaren völlig heraus. Er hat im parlamentarischen Leben am festesten Wurzeln geschlagen, seine politische Tätigkeit ist im wörtlichen Sinne ein Teil der Geschichte des deutschen Liberalismus, von dessen Leistungen und Versagen nicht zu isolieren.

Schon als Privatdozent und in Königsberg ist Hänel politisch tätig gewesen; es war für ihn selbstverständlich, daß er dem Nationalverein sogleich nach seiner Gründung beitrat; in Königsberg gehörte er zu den Unterzeichnern des Programms der Fortschrittspartei. Der eigentliche Eintritt ins politische Leben fällt indessen erst mit seiner Übersiedelung nach Kiel zusammen. Hier ist er sofort in die vorderste Reihe der augustenburgischen Volksbewegung getreten, in derselben Überzeugung wie die meisten Mitglieder der Kieler Universität, daß einzig das Eintreten für das Erbrecht des Herzogs Friedrich von Augustenburg die Möglichkeit biete, Schleswig-Holstein von Dänemark loszulösen und über den für Schleswig-Holstein beanspruchten mittelstaatlichen Status auch die deutsche Frage wieder in Bewegung zu bringen. In diesem Sinne verfocht er in mehreren Schriften wuchtig und kompromißlos das Erbrecht des Augustenburgers, von denen die erste schon eine Woche nach dem Tod Friedrichs VII. gedruckt vorlag[19]; er lieferte einen Teil der staatsrechtlichen Ausführungen in der beim Bundestag eingereichten Nachweisung über das Erbrecht des Augustenburgers und arbeitete auch sonst als Berater in dessen „Kabinett". Seine Stellung zum Herzog war jedoch eine andere als die der anderen Führer der augustenburgischen Bewegung, Samwer, Ph. K. Francke und Lorentzen, die, vom Herzog

---

[18] Zu Georg Meyers parlamentarischer Tätigkeit *G. Jellinek*, Die Staatsrechtslehre und ihre Vertreter, Sonderdruck aus: Heidelberger Professoren aus dem neunzehnten Jahrhundert, Festschr. der Universität zur Zentenarfeier ihrer Erneuerung durch Karl Friedrich, 1. Band, 1903, S. 281 f.

[19] Aus Schleswig-Holstein an das preuß. Haus der Abgeordneten. Von einem bisherigen Mitglied der deutschen Fortschrittspartei und jetzigen Schleswig-Holsteiner, Berlin 1864. Vgl. weiter: Das Recht der Erstgeburt in Schleswig-Holstein. Eine Kritik der Schrift: Die legitime Erbfolge in Schleswig-Holstein, Kiel 1864; Die Garantien der Großmächte für Schleswig, Leipzig 1864.

angestellt und besoldet, seinen ständigen Mitarbeiterkreis bildeten, wenngleich auch er gelegentlich für den Herzog dessen politische Korrespondenz erledigte, die Instruktionen an dessen auswärtige Vertreter schickte und während eines halben Jahres auch als sein „Innenminister" fungierte. Im Verhältnis zu ihm blieb er mehr der Anwalt der alten Landesrechte und Fortsetzer einer großen Tradition der Kieler Universität, „der letzte in der Reihe der großen Vorkämpfer für Schleswig-Holsteins Anspruch auf eigene Verfassung und eigenes Erbrecht, der Dahlmann und Falck, Droysen und Waitz"[20]. Dementsprechend war die Unterstützung, die er der Sache des Herzogs lieh, in erster Linie die des politischen Parteiführers, mit festem Platz in der Öffentlichkeit und im zentralen Ausschuß der schlagartig ins Leben getretenen Vereine, die das ganze Land zur Unterstützung des augustenburgischen Anspruchs zu mobilisieren versuchten.

Auch wenn Hänel sein Eintreten für den augustenburgischen Erbanspruch nach 1866 nicht widerrufen hat und bei keiner Gelegenheit die Verletzung des Rechtsgefühls durch die preußische Annexion beschönigte, so bejahte er doch die mit dem Krieg von 1866 geschaffene Lage und lenkte sehr bald einen großen Teil der Liberalen Partei Schleswig-Holsteins vorsichtig auf die Linie des Sich-Abfindens mit den neuen Gegebenheiten und der praktischen Mitarbeit im größeren preußischen Staat. Mit der Anerkennung und Sanktionierung der neuen staatlichen Ordnung Deutschlands durch den verfassungsvereinbarenden Reichstag des Norddeutschen Bundes hatte für ihn jeder besondere partikularstaatliche Rechtstitel seine verpflichtende Gültigkeit verloren. Diese realistische Haltung ermöglichte es ihm, sich tatkräftig dafür einzusetzen, daß sich die Neuordnung durch die preußische Verwaltung unter der zugesicherten Wahrung der berechtigten Eigentümlichkeiten des Landes vollzog. Das per.sönliche Verhältnis zum Herzog ist durch diese Trennung von den mittelstaatlichen Illusionisten unter den ehemaligen Augustenburgern nicht getrübt worden; dieses blieb weiterhin ein Verhältnis zwischen sehr nahen Freunden, ja nach der Entlassung Ph. K. Franckes durch den Herzog wurde Hänel mit der Regelung der Vermögens- und Besitzansprüche des Herzogs besonders dem preußischen Staat gegenüber betraut. Der Schwerpunkt seiner juristisch-politischen Arbeit lag allerdings nunmehr in der Mitarbeit an den gesamtstaatlichen Aufgaben und in der Mithilfe bei der Einschmelzung Schleswig-Holsteins in den größeren preußischen Staat. Zu seinem Teil trug er damit dazu bei, daß sich in Schleswig-Holstein kein beständiger antipreußischer Sondergeist entwickelte, keine schleswig-holsteinische Welfenpartei. Er lehnte entschieden jede Restitutionspolitik ab und wußte zugleich sicher den Ausgangs-

---

[20] Gutachten *A. O. Meyer* zum Hänel-Nachlaß im Besitz des Juristischen Seminars der Universität Kiel.

punkt der schleswig-holsteinischen Bewegung in der 48er Tradition und in der ehemaligen staatlichen Eigenständigkeit des Landes zu wahren: Mit den sechs deutschen liberalen Abgeordneten, die 1867 aus Schleswig-Holstein in den Reichstag gewählt wurden, schloß er sich zunächst nicht seiner alten Partei, der Fortschrittspartei an, da diese wie die anderen altpreußischen Parteien dem Annexionsgesetz zugestimmt hatte, sondern der Bundesstaatlich-Konstitutionellen Fraktion; erst 1871 wurde der Anschluß an die Fortschrittspartei bewerkstelligt, aber auch jetzt noch unter Betonung einer „fraktionsübergreifenden" (Th. Nipperdey) Haltung, wie vor allem der beibehaltene Parteiname „Liberale Partei in Schleswig-Holstein" lediglich mit dem Zusatz „in der deutschen Fortschrittspartei" unterstreicht.

Die Verdienste, die sich Hänel um seine engere Wahlheimat bei der Einführung der preußischen Verwaltung erworben hat, knüpfen sich vor allem an zwei Leistungen, nämlich seinen Kampf um Abschaffung der „stehenden Gefälle" und seine geistige Vaterschaft an der Städteverfassungsreform. Bei den „stehenden Gefällen" handelte es sich um ein Relikt im antiquierten schleswig-holsteinischen Steuersystem, örtlich sehr ungleich verteilte Abgaben für Gemeinde-, Haus- und Grundstücksbesitz, die nach einer preußischen Verordnung vom Frühjahr 1867 künftig soweit wegfallen sollten, wie sie nachweisbar den Charakter einer direkten Staatssteuer hatten. Hänel hat die Mühe nicht gescheut, in einer gründlichen juristischen Untersuchung für mehrere schleswig-holsteinische Ämter den Nachweis zu führen, daß in ihnen die „stehenden Gefälle" tatsächlich weit überwiegend diesen Charakter trugen, und hat damit dem flachen Land zur Befreiung von einem oft drückenden Anachronismus verholfen[21]. Bedeutender als diese Leistung, die besonders dem kleinen ländlichen Grundbesitz zugute gekommen ist, war allerdings sein maßgeblicher Anteil an der Gestaltung der neuen schleswig-holsteinischen Städteordnung vom 14. April 1869, der freiheitlichsten von ganz Preußen zu ihrer Zeit. Der von ihm dem preußischen Abgeordnetenhaus mit einer eingehenden Begründung vorgelegte Entwurf für eine Neuordnung der Stadtverfassung ist zwar nur als Material an die Regierung für den von ihr einzubringenden Entwurf weitergeleitet worden, diese aber machte ihn sich entgegen ihren ursprünglichen Absichten in fast allen entscheidenden Punkten zueigen, so daß Hänel mit Fug und Recht als geistiger Vater der schleswig-holsteinischen Städteordnung bezeichnet werden kann[22]. Das für die Zeit vorbildliche Gesetzeswerk knüpft in

---

[21] Zusammen mit seinem Universitäts- und Parlamentskollegen W. *Seelig:* Zur Frage der „stehenden Gefälle" in Schleswig-Holstein. Gutachten, abgegeben für die Ämter Bordesholm, Neumünster, Reinbek und Cismar, Kiel 1871. Von Hänel stammt das Gutachten für Bordesholm, Neumünster und Reinbek.
[22] Wie auch die Stadt Kiel 1911 bei der Verleihung des Ehrenbürgerrechts an ihn ausdrücklich anerkannte und spätere Ersuchen an ihn zeigen, sich gut-

einzelnen Teilen an die ehemalige holsteinische Städteordnung an und unterscheidet sich in entscheidenden Punkten von der altpreußischen Städteordnung wie auch von der in den anderen neuen preußischen Gebieten eingeführten Kommunalverfassung, so in dem größeren Spielraum für die Ortsstatute, der stärkeren Beteiligung der Stadtverordneten an den städtischen Kommissionen, der grundsätzlich gemeinschaftlichen Sitzung von Magistrat und Stadtverordnetenversammlung, vor allem aber der unmittelbaren Wahl des Bürgermeisters und der übrigen Magistratsmitglieder durch die Bürgerschaft, dem Absehen vom staatlichen Bestätigungszwang für die letzteren und der Nichteinführung der Dreiklassenwahl. Bei der Kommissionsberatung dieses Gesetzentwurfs führte Hänel einen auch heute für das Verständnis der kommunalen Selbstverwaltung wichtigen, in seiner grundsätzlichen Bedeutung von der Geschichtsschreibung noch nicht gewürdigten Zweifrontenkampf: Einmal gegen die bürokratischen Schablonen und Bevormundungsversuche der Regierung, zum anderen aber auch gegen die konstitutionell-parlamentarischen Schablonen vieler Fortschrittler wie Waldeck, die unter Verkennung der besonderen Bedürfnisse der Kommunalverfassung auf diese das allgemeine staatliche Konstitutionsmodell mit Scheidung von Exekutive und Legislative zu übertragen versuchten und sich dementsprechend vor allem gegen die von ihm unter Berufung auf die holsteinische Tradition befürworteten gemeinschaftlichen Tagungen von Magistrat und Stadtverordnetenversammlung wandten. Der politische Sonderdienst für die neue Provinz ist indessen mit diesen beiden Verdiensten noch nicht erschöpft. Auch der in Schleswig-Holstein neu eingeführten Kreisordnung widmete Hänel seine eindringliche Sorgfalt[23], wie er darüber hinaus als Abgeordneter auch bei vielen kleineren Anlässen, so bei der Gewährung der Kriegsentschädigungen an die neue Provinz oder bei der wiederholten Kritik an unzweckmäßigen Verwaltungsmaßnahmen und einseitiger Behördenpersonalpolitik, nachdrücklich für die Berücksichtigung der besonderen Bedürfnisse seiner engeren Heimat sich einsetzte; in diesem Zusammenhang ist auch seine zeitweilige Mitarbeit im Provinziallandtag besonders bei den Etatberatungen, im Kieler Stadtparlament und überhaupt im Kieler öffentlichen Leben zu sehen. Wenn auch einer späteren Generation diese Verdienste des Kieler Staatsrechtslehrers um die engere Heimat nicht mehr bewußt gewesen sind, so waren

---

achtlich über einzelne Bestimmungen der Städteordnung zu äußern. Näher zur schleswig-holsteinischen Städtereform jetzt auch O. *Hauser*, Staatliche Einheit und regionale Vielfalt in Preußen. Der Ausbau der Verwaltung in Schleswig-Holstein nach 1867, 1967.

[23] Vgl. dazu seinen Bericht: Die Einführung der Kreisordnung in Schleswig-Holstein, in: Schleswig-Holsteinische Jahrbücher, I, 1884, S. 271 ff. und die von ihm verfaßte anonyme Schrift: Aufgabe der Kreistage in Schleswig-Holstein, Kiel 1868. Bei dieser Schrift handelt es sich um den Abdruck einer Artikelfolge aus der Kieler Zeitung.

sie doch in den ersten Jahrzehnten nach der staatlichen Neuordnung im Bewußtsein weiter städtischer und vor allem ländlicher Bevölkerungskreise lebendig genug, um der von ihm politisch geführten Liberalen Partei eine breite Anhängerschaft zu sichern und ihr später zum größeren Teil auch die ehemaligen intransigenteren Augustenburger wieder zuzuführen. Neben dem für Schleswig-Holstein natürlichen autoritativen Ansehen, das ein Kieler Professor genoß, ist es in erster Linie dem allgemeinen Bewußtsein von diesen persönlichen Verdiensten zuzuschreiben, wenn Hänel über einen verhältnismäßig langen Zeitraum hinweg den heterogenen Reichstagswahlkreis Kiel-Rendsburg-Plön für den Liberalismus behaupten konnte, gestützt auf eine breite, die sozialen Schranken überspringende Sammlungsbewegung unter bürgerlicher Führung noch zu einem Zeitpunkt, als der Liberalismus schon unwiderruflich auf den Stand einer weltanschaulich kaschierten Klassenpartei mit sinkendem politischen Einfluß zurückgedrängt war[24].

Die starke Stellung innerhalb der schleswig-holsteinischen Liberalen bildete zu einem erheblichen Teil auch das Rückgrat seiner führenden Stellung innerhalb der fortschrittlichen Reichstagsfraktion. Er ist in ihr nicht nur ein oratorisches Paradepferd gewesen, das bei wichtigen Gesetzesvorlagen und grundsätzlichen Erklärungen vorgeschickt wurde, sondern gehörte mit Eugen Richter, Duncker, Virchow, Parisius und v. Saucken-Tarputschen zum engeren Führungskreis, zu den Formulierern der Linie der Fraktion. Dem Protagonisten Eugen Richter hat er allerdings den Rang als anerkannter Parteiführer nicht streitig machen können. Zu sehr wogen gegen ihn, der von Kiel aus zu den Sessionen anreisen mußte, sich stets neu in die Probleme einzuarbeiten hatte und nur in der Kieler Zeitung seines Freundes Ahlmann über ein ihm bedingungslos ergebenes Presseorgan verfügte, die Machtmittel in der Hand seines die Partei schroff und autoritär führenden Antipoden, dessen für die Festlegung der Parteilinie entscheidende Herrschaft über Parteipresse und -apparat, als daß ihm je mehr hätte gelingen können, als ihm innerhalb der Fraktion zeitweilig das Gleichgewicht zu halten und ihn zum Eingehen auch auf seinen Standpunkt zu nötigen. So ist er im ganzen mehr der Deuteragonist gewesen, der in der Partei eine von Richter abweichende Richtung vertrat. Die Divergenz mit diesem ist allerdings keine in den grundsätzlichen Fragen gewesen wie der Ablehnung von Bismarcks „Verkümmerung" der konstitutionellen Einrichtungen, sondern betraf in aller Regel taktische Vorgehensfragen, besonders den anderen liberalen Richtungen gegenüber, sowie den Ton der Polemik gegen Bismarcks Politik[25]. Der Richterschen Linie einer Opposition um jeden

---
[24] Näher über Hänels Beziehungen zu seinem Kieler Reichstagswahlkreis und dessen heterogene Struktur die schon erwähnte Dissertation *Kiehls*.
[25] In diesem Sinne näher zu dem Verhältnis zwischen den scharfkantigen politischen Charakteren Hänel und Richter *Rachfahl*, bes. S. 286 f. Das bei

Preis, die diesem zu keinem Zeitpunkt problematisch geworden ist, hat Hänel stets mit starken Vorbehalten gegenübergestanden und stattdessen, ohne es allerdings zur Prinzipienfrage zu machen, mehr die Maxime: Fortiter in re, suaviter in modo verfolgt. So hat er an dem, was ihm an Bismarcks Politik als illiberal erschien, bezeichnenderweise meist eine eher zurückhaltende Kritik geübt, mit deutlicher Schonung der Person und staatsmännischen Leistung[26], härter hat er dagegen schon mit Bismarcks Ministerkollegen von konservativer Parteigesinnung die Klingen gekreuzt. Vor allem aber suchte er immer die enge persönliche und politische Fühlung mit den nationalliberalen Führern zu halten; dieser betont auf Ausgleich bedachten Stellung auf dem rechten Parteiflügel entsprach es auch, daß er zeitweilig das Amt des Vizepräsidenten sowohl im Reichstag wie im Abgeordnetenhaus innehatte. Bei Differenzen mit Richter hat er gelegentlich seinen Standpunkt dessen Vorstellungen angepaßt, etwa bei der Stellungnahme zum zweiten Entwurf des Sozialistengesetzes, bei dessen Kommissionsberatung er zunächst in Übereinstimmung mit Lasker statt der zuvor in der Fraktion abgesprochenen grundsätzlichen Ablehnung für die Alternative einer Verschärfung der allgemeinen Strafbestimmungen sich eingesetzt hatte, wie er gelegentlich auch mit Richter zusammengegangen ist und erst mit seinem den Ausschlag gebenden Votum Richters Standpunkt gegen starke Widerstände, so besonders nach 1884 gegen die „cliquenhafte" Opposition Bambergers und anderer ehemaliger Sezessionisten, durchbrachte; bei anderer Gelegenheit wieder, nämlich in der Frage der Wahlbündnisse, wo er für Schleswig-Holstein aufgrund der besonderen Lage ein Zusammengehen mit den Nationalliberalen befürwortete, das Richter erbittert bekämpfte, und sich in einem Einzelfall sogar für die Unterstützung des konservativen Kandidaten einsetzte, hat er sich dagegen auch öffentlich in aller Schärfe gegen Richters diese Taktik durchkreuzenden Interventionen in die lokalen Parteiorganisationen gewandt.

Seine bedeutendste politische Leistung ist fraglos sein Anteil an der Fusion mit den nationalliberalen Sezessionisten gewesen, für deren Zustandebringen er wie kein Zweiter aus dem fortschrittlichen Lager prädestiniert gewesen ist. Von Anfang an arbeitete er, der den Sezessionisten im Grunde innerlich näher stand als seinem Parteifreund Richter, auf diese Fusion hin, um dann, nachdem sich auch Richter von ihrer Notwendigkeit überzeugt hatte, als offizieller Repräsentant der Fortschrittspartei

---

Ernst Rudolf Huber, Deutsche Verfassungsgeschichte, Bd. IV, 1969, S. 78 angedeutete Bild von einem „erbitterten Kampf" zwischen Richter und Hänel um die Partei- und Fraktionsführung ist zweifellos eine Übertreibung, wie auch nicht einfach von einer „bedenkenlosen Tyrannis" gesprochen werden kann, die Richter in der Partei ausgeübt hätte.

[26] Einige charakteristische Äußerungen über Bismarck aus Hänels Reichstagsreden, die allerdings mehr den oratorischen Stil als die politische Einstellung beleuchten, sind in *Walter Jellineks* Gedächtnisrede zusammengestellt.

mit Bamberger als dem Verhandlungsführer der Sezessionisten vertraulich die tragfähige Kompromißmitte auszumitteln; beide formulierten die „konkreten Einigungspunkte", die dann, von den anderen Parteiführern nur geringfügig modifiziert, die Grundlage für die völlige Verschmelzung der beiden Parteirichtungen unter Aufgabe des alten Parteinamens bildeten, wobei er die neuen Programmpunkte geschickt so zu fassen wußte, daß auch für weitere nationalliberale Teile bis hin zu Bennigsen ein späterer Anschluß an die neue Parteigründung möglich blieb[27]. Wenigstens in der Beschränkung auf den bis zur Mitte reichenden Liberalismus hat er damit die von ihm dauernd vertretene Konzeption einer großen liberalen Gesamtpartei, Unterpfand für die gewünschte Parlamentarisierung der Regierung, über den Provinzrahmen hinaus auch auf Reichsebene verwirklicht, wenn sich auch das neue politische Gebilde als wenig erfolgreich und beständig erwies. Als 1893 die neue Partei am Hueneschen Militärkompromiß auseinanderbrach, folgte Hänel und seine parlamentarische Gruppe den ehemaligen Sezessionisten in die Freisinnige Vereinigung; seine Parteigänger im Lande konnte er allerdings nur teilweise in die neue Partei herüberziehen. Auch das Kieler Reichstagsmandat vermochte er 1893 nicht mehr zu behaupten, nachdem er schon 1888 den Sitz im Abgeordnetenhaus eingebüßt hatte. Allerdings vermochte er es nochmals 1898 in der Stichwahl knapp zurückzugewinnen; 1903 ging es aber dann endgültig an den sozialdemokratischen Kandidaten verloren, den späteren „Generalissimus" unter den Gewerkschaftsführern Carl Legien. Seine politische Laufbahn war damit beendet, wenn er auch zunächst noch nicht völlig der Teilnahme am Parteileben entsagte. Erst in seinen letzten Lebensjahren war er nur noch ein stiller Beobachter der Politik.

---

[27] Über den Verlauf von Hänels Verhandlungen mit Bamberger die eingehende, teilweise auf Hänels Papiere und Aufzeichnungen sich stützende Darstellung bei *Rachfahl*, S. 321 ff.

Dritter Abschnitt

Zur formtypischen Eigenart des wissenschaftlichen Werkes

Das der Staatsrechtswissenschaft zugehörige Oeuvre Hänels ist nicht besonders umfangreich: Es besteht aus den *Studien zum Deutschen Staatsrecht*, in drei Abteilungen 1873, 1880 und 1888 erschienen, und dem stoffhaltigen ersten Band des *Deutschen Staatsrechts* von 1892. Hinzu kommen einige wenige Zeitschriftenaufsätze[1] und die akademischen Reden aus den späteren Lebensjahren[2], übliche Festreden im wilhelminischen Zeitstil, die keine neuen Ausführungen zu den verfassungsrechtlichen Problemen bringen und auch nicht das mindeste von dem Engagement erkennen lassen, mit dem Hänel als Parlamentarier wie in seinen größeren wissenschaftlichen Arbeiten für die parlamentarisch-demokratische Fortentwicklung der Reichsverfassung eingetreten ist. Als Herausgeber ist Hänel nicht tätig geworden; auch Rezensionen hat er mit einer für das Verständnis seiner Grundbegriffe allerdings gewichtigen Ausnahme[3] offenbar nicht geschrieben. Schließlich fehlt auch die Einwirkung auf die Praxis des Staatslebens durch Rechtsgutachten und staatsrechtliche Stellungnahmen zu politischen Tagesfragen; sehr im Unterschied zu *Laband*, der eine Fülle von Gutachten verfaßte und damit einen nicht zu unterschätzenden praktischen Einfluß ausübte[4], gibt es von Hänel keine Rechtsgutachten zu konkreten Anlässen mit Ausnahme der schon erwähnten Arbeiten über die speziellen schleswig-holsteinischen Probleme. Auf andere, ihm gemäßere Weise hat er die Einwirkung auf die staatliche Praxis genommen: Durch die herausragende parlamentarische

---

[1] Zur Kritik der Begriffsbestimmung des Bundesstaates, in: Annalen des Deutschen Reiches, 1877, S. 78 ff.; Die Unionsverfassung, ebd., 1878, S. 796 ff.

[2] Das Kaisertum, Rektoratsrede, 1892; Der 18. Januar 1871, 1896; Das zweite Ministerium des Freiherrn vom Stein, 1908.

[3] Nämlich der großen, bei aller Anerkennung und Gemeinsamkeit in manchen Ausgangspunkten ablehnenden Besprechung von *Hugo Preuß'* organisch-genossenschaftlichen Konstruktionsversuch der staatsrechtlichen Grundbegriffe, eines Musters der klassischen wissenschaftlichen Rezension: Zur Revision der Methode und Grundbegriffe des Staatsrechts, in: AöR, Bd. V (1890), S. 457 ff.

[4] Was alle dogmengeschichtlichen Darstellungen übersehen, obwohl die Berücksichtigung von dieser Seite von Labands Tätigkeit in mancher Hinsicht ein etwas anderes Bild als das geläufige von der monarchisch-konservativen Funktion des von ihm repräsentierten staatsrechtlichen Positivismus ergeben würde. Vgl. dazu die Zusammenstellung von Labands allein in der Juristenzeitung erschienenen überwiegend verfassungs- und justizpolitischen Arbeiten: DJZ, 23. Jg. (1918), Sp. 269 f.

Mitarbeit an der Gestaltung der Reichsgesetzgebung in den ersten Jahrzehnten des Reiches, ohne die sich seine wissenschaftlichen Arbeiten nicht durch jene juristisch differenziertere und schärfere Erfassung der Probleme auszeichnen würden, die ihr Vorzug gegenüber den schablonenhaften Darstellungen seiner meisten Zeitgenossen ist.

Die Hänel gemäße literarisch-wissenschaftliche Form ist die Monographie gewesen; an sie ist weitgehend die Eigentümlichkeit seiner wissenschaftlichen Leistung gebunden, ihre Stärke wie ihre Grenze. Einen monographischen Eindruck macht noch der große Torso des staatsrechtlichen Hauptwerkes[5], erschienen in Bindings Handbuch der Deutschen Rechtswissenschaft, in seinem übergroßen Umfang und der peinlich umsichtigen Begründung der Ergebnisse aber alles andere als ein Handbuch[6], das von seinem eigentlichen Thema, der Reichsorganisation, nur einen Teil behandelt und immer wieder auf Kosten der systematischen Linien in eingehende Einzeluntersuchungen sich verläuft. Die drei „Studien zum Deutschen Staatsrecht" sind klassische monographische Leistungen, und in ihnen liegt auch der größere Teil der originellen Ergebnisse seiner Untersuchungen vor. Von ihnen ist die letzte über „Das Gesetz im formellen und materiellen Sinne" eine wissenschaftliche Streitschrift von großem Schwung und sicherer Gedankenführung, die Schritt für Schritt erschöpfend die vorgefundene herrschende Lehrmeinung widerlegt. In der sachlichen Entschiedenheit, den scharfen und umfassenden begrifflichen Entwicklungen, der grundsätzlichen Vertiefung des Themas in den Ausführungen über Recht und Staat und der vollen Gerechtigkeit für die gegnerischen Ansichten, die in keinem wesentlichen Punkt verbogen oder entstellt werden[7], ist sie vielleicht die persönlichste, jedenfalls die geschlossenste Arbeit. Aber auch schon die erste Studie über „Die vertragsmäßigen Elemente der Deutschen Reichsverfassung" muß als eine wissenschaftliche Streitschrift bezeichnet werden, indem in ihr die ganze Energie auf die Verteidigung und Befestigung des rechtlichen Bestandes des neuen Reiches sich richtet, es hier um die Widerlegung der These, daß die Reichsverfassung ihre Geltung als *Landes*recht auf der Grundlage eines Staatsvertrages erlangt hätte, durch den Nachweis des ausschließlichen Rechtscharakters der Verfassung als Reichsgesetzesrecht geht. Nur die im Umfang hinter den beiden anderen zurückbleibende mittlere Studie über „Die organisatorische Entwicklung der Deutschen Reichsverfassung", die ruhigste und sicherste der drei, trägt nichts vom Charakter einer Streitschrift an sich, sondern knüpft an an die Umgestaltung der

---

[5] Den ihm auch *Smend* bescheinigt: Staatsrechtl. Abhandlungen, S. 606.
[6] Was Hänel schon von der zeitgenössischen Kritik vorgehalten wurde. Vgl. die charakteristische Bespr. von *Ph. Zorn* in: Juristisches Literaturblatt, 5. Jg. (1893), S. 57.
[7] Wenngleich dies von der Gegenkritik wie der des jungen *Anschütz* teilweise nicht anerkannt wurde. Vgl. dessen Erstling Kritische Studien zur Lehre vom Rechtssatze und formellen Gesetz, Leipzig 1891, S. 20 ff., 87 f.

institutionellen Grundlagen der späteren Reichsverfassung bei ihrer Beratung im konstituierenden Reichstag des Norddeutschen Bundes. Die Argumentation entwickelt sich hier im Zuge des Vergleichs der organisatorischen Grundgedanken des von den verbündeten Regierungen vorgelegten Verfassungsentwurfs mit der durch das Amendement Bennigsen bewirkten grundlegenden Änderung in der Anlage der Verfassung, die Kritik richtet sich also gewissermaßen direkt an die Adresse der Verfassung, konzentriert sich auf die scharfsinnige Aufdeckung ihrer Widersprüche, Unausgeglichenheiten und Unfertigkeiten, wie sie ihr notwendig aufgrund ihrer Entstehungsgeschichte, des Verzichts auf eine sorgfältige Angleichung des übrigen Verfassungstextes an die durch das Amendement Bennigsen bewirkte Änderung, anhaften mußten und erst allmählich der Wissenschaft in ihrer Tragweite bewußt geworden sind.

Es ist nachdenkenswert, daß Hänel seine charakteristische wissenschaftliche Leistung gerade in der Form der Monographie erreicht hat. Bekanntlich haben sich *Laband* und andere führende Staatsrechtler der Reichsgründungszeit die Monographie bei weitem nicht in dem Maße als ihre spezifische Darstellungsform erkoren; soweit sie systematische Lehrbücher geschrieben haben, gründen diese nicht in einem ähnlich sorgfältig erarbeiteten monographischen Unterbau. Schon dies macht deutlich, daß die für Hänel charakteristische Bevorzugung der monographischen Darstellung nicht nur mit dem von ihm vorgefundenen Bearbeitungsstand der staatsrechtlichen Probleme in Zusammenhang gesehen werden kann. Allerdings hat er beiläufig für seine Bevorzugung der monographischen Form eine Erklärung gegeben, die sie mit dem vorgefundenen wissenschaftlichen Bearbeitungsstand rechtfertigt, wenn er darauf hinwies, daß die „logisch-deduktive Methode", die er für die scharfe juristische Durchbildung des öffentlichen Rechtsstoffes für nicht weniger unumgänglich erachtete als etwa Laband, speziell in der Monographie ihre fruchtbringende Wirkung entfalten würde, während für die zusammenfassende Darstellung nach seiner Meinung mehr die „erzählende Methode" in Betracht käme[8]. Aber diese Rechtfertigung der monographischen Anlage des eigenen Werkes mit der allgemein angestrebten Neuausrichtung der staatsrechtlichen Arbeit, mit dem Willen zur definitiven Überwindung der überkommenen diffusen Behandlungsweise der staatsrechtlichen Probleme, deckt doch nur teilweise die Gründe für seine eigentümliche Bevorzugung der monographischen Form auf. Noch anderes ist es gewesen, was ihm gerade diese Form besonders nahelegte, nämlich daß sie ihm überhaupt die Chance einer eindringlicheren vorbehaltloseren Betrachtung des Gegenstandes bot im Unterschied zu den farbloseren, auf die Disziplin des Lehrbuchs festgelegten Darstellungen

---

[8] Augsburger Allg. Ztg., 1878, Nr. 9. Diesen Artikel konnte ich leider nicht einsehen; ich entnehme den Hinweis auf ihn und die Zitierung *F. Stoerk*, Zur Methodik des öffentlichen Rechts, S. 13.

seiner Zeitgenossen — vorbehaltloser insofern, als die juristische Durcharbeitung des Stoffes nicht mit von außen an ihn herangetragenen, nicht näher begründeten Prämissen zu operieren braucht, sondern diese Zug um Zug direkt aus dem Stoff entwickeln kann, dessen Entfaltung bei ihm entweder von einem vorgefundenen literarischen Streitstand aus geschieht oder von der verfassungspolitischen Ausgangslage aus und den für sie kennzeichnenden Gegensätzen. In seinem staatsrechtlichen Hauptwerk hat er allerdings diesen bezeichnenden Weg der Stoffentfaltung nicht oder kaum beschreiten können — ein Grund, der nicht zuletzt für die literarischen Schwächen dieses bedeutenden Torsos mitverantwortlich sein dürfte.

So ist es auch nicht so sehr die seinen Untersuchungen zu verdankende Bereicherung und schärfere Ausbildung der dogmatisch-begrifflichen Grundlagen der spätkonstitutionellen Staatsrechtslehre, auf der der Spitzenrang seines Werkes als eines „Klassikers" des Bismarckschen Verfassungsrechts beruht. Diese Bereicherung ist nur der *eine* Ertrag seines gründlichen monographischen Arbeitens, der sich zwar für die zeitgenössischen Fachgenossen bei allem Widerspruch gegen einen Teil der von ihm vertretenen Lösungen als der maßgeblichere darstellte, aber im heutigen Abstand eher als zweitrangiger erscheint. Seine Leistung tritt hier hinter der Leistung anderer zurück, der *Labands* und vor allem *Jellineks,* dessen Werk ebenfalls in einer Reihe von Monographien sich darstellt, aber seinen Schwerpunkt viel eindeutiger in der Ausformung der dogmatischen Grundbegriffe hat. Nicht zufällig gipfelt dieses Werk in einer Allgemeinen Staatslehre, die zwar die Begriffe der spätkonstitutionellen Staatsrechtswissenschaft glänzend systematisch zusammenfaßt, die aber schon wegen der schroff deklarierten Methodenseparierung, dem planmäßigen Nebeneinander von Staatsrechtslehre und sozialer Staatslehre, nur sehr eingeschränkt eine wissenschaftliche Funktion für die staatsrechtliche Untersuchung erfüllen sollte. Im Gegensatz zu diesem nicht weniger aus der monographischen Arbeit herausgewachsenen, aber an den spezifischen Problemen der verfassungsrechtlichen Arbeit vorbeizielenden Überwindungsversuch des staatsrechtlichen Positivismus verdankt sich Hänels monographischer Arbeit gerade ein differenzierteres Verständnis der Besonderheiten des verfassungsrechtlichen Gegenstandes und eine dementsprechende stärkere Heranführung der staatsrechtlichen Arbeitsweise an die dem Verfassungsrecht eigentümliche Problemlage; sie überwindet bei ihm am frühesten die „zivilistischen" Anleihen und unterwirft sich strikt den besonderen Erfordernissen des verfassungsrechtlichen Stoffes.

Es ist diese Leistung, also die konkrete Art der Gewinnung der für die Verfassungsinterpretation unmittelbar relevanten Ergebnisse, und nicht nur das Bemühen um ein eindringlicheres Verständnis der staatsrechtlichen Grundbegriffe, um philosophische und sozialwissenschaftliche Untermauerung der zunehmend dürrer gewordenen staatsrechtlichen Dogmatik, die Hänel von seinen spezifisch positivistischen Zeitgenossen unterscheidet und im heutigen Rückblick als seine wesentlichere und wegweisendere Leistung erscheint. Der Vorzug der monographischen Form, die nicht dem Zwang zum systematischen Abschluß der stofflichen Darstellung unterliegt und damit auch nicht der Gefahr, zu achtlos über die Eigentümlichkeiten des Stoffes hinwegzugleiten, ist von ihm in einer Weise voll genutzt worden, der sich in hohem Maße erst die Entdeckung der besonderen Problematik des Bismarckschen Verfassungsrechts verdankt. Diese Leistung vergegenwärtigt man sich nur, wenn man das Augenmerk auf alle besonderen, aber unauffälligen Eigenschaften seiner juristischen Arbeitsweise richtet, die allesamt mehr oder weniger mit der monographischen Form stehen und fallen. Da ist die erschöpfende Heranziehung aller für eine Norm relevanten entstehungsgeschichtlichen Materialien, die scharfe Hervorholung der politischen Motivationen und Spannungen aus den Verfassungssätzen und Verfassungsinstituten, die genaue Beobachtung der Ausfüllung des Verfassungsraums durch die Staatspraxis und der dabei aufgetretenen Reibungen und vom Gesetz verkannten Bedürfnisse, die sichere Verbindung weit ausholender rechtsvergleichender Betrachtungen mit den sorgfältigsten und umständlichsten begrifflichen Deduktionen, die Berücksichtigung gegebenenfalls der Satzstellung, der verschiedenen möglichen Bedeutungsvarianten eines Wortes und vor allem des Orts der einzelnen Vorschrift im Gesetzestext, vor allem aber die peinliche Vermeidung des Ziehens von rechtlichen Folgerungen aus vorausgesetzten, nicht aus dem Gesetzestext erschlossenen Oberbegriffen, des programmwidrigen methodischen Sündenfalls zahlreicher Positivisten, und stattdessen die lediglich subsidiäre Verwertung von solchen Folgerungen zur Bestätigung schon gewonnener Ergebnisse, die deshalb in aller Regel auch erst am Schluß der einzelnen Beweisführung stehen. In dieser Leistung bewährt sich eine souveräne Beherrschung der vom klassischen juristischen Positivismus aufgestellten wissenschaftlichen Arbeitserfordernisse, mit der Hänel die Schranken von dessen engem Verständnis der verfassungsrechtlichen Probleme übersteigt.

Im Gesamtbild der fachlichen Arbeit der Zeit tritt freilich diese Läuterung und Verfeinerung der verfassungsrechtlichen Arbeit naturgemäß weniger deutlich zutage, ließe sich nur bei eingehenden Vergleichungen mit dem Arbeitsstil und den Ergebnissen der zeitgenössischen Fachgenossen genauer belegen und dürfte bei aller fruchtbaren Auswirkung in ihrer Tragweite auch jenen nicht so deutlich bewußt gewesen sein, die sich seine Arbeitsweise bewußter als Vorbild genommen haben. In gewissem Sinne hat sie zugleich das staatsrechtliche Hauptwerk um die verdiente Beachtung und Auswirkung gebracht: Nicht nur weil es Torso geblieben, sondern auch weil die systematische Darstellungsform für den Reichtum seiner Arbeitsweise und die differenzierten Problemfaltungen nicht den faßbaren Rahmen bilden konnte, hat Hänels *Deutsches Staatsrecht* zwar in seinen Einzelergebnissen, nicht aber auch in seiner Gesamtkonzeption auf die Nachfolger gewirkt. Wenn der konstruktive Positivismus des 19. Jahrhunderts das eigentliche Ziel der juristischen Arbeit darin gesehen hat, womit sie in seinen Augen erst zur wissenschaftlichen wurde, daß ein konkretes positives Rechtssystem als „Gesamtausdruck für den Inhalt eines lebendigen geistigen Ganzen"[9] und nicht bloß als die äußere Zusammenordnung einer Summe von Rechtssätzen nach bestimmten praktischen Gesichtspunkten zu begreifen wäre, so hat Hänels Hauptwerk mehr als ein anderes das Staatsrecht erst auf die damit bezeichnete Bearbeitungsstufe emporgehoben, zu dem Preis freilich, daß es in seiner Konzeption, wie es sich jedenfalls für die Zeitgenossen darstellte, schwerfälliger und weniger durchsichtig als *Labands* „elegantere" Darstellung erscheint. Nicht zufällig steht es auch zeitlich am Ende der großen systematischen Staatsrechtsdarstellungen des 19. Jhs. und hat im Unterschied zu den schon eingeführten Werken keine Neuauflage erlebt, im Grunde schon bei seinem Erscheinen ein unzeitgemäßes Werk, das in seinem monographischen Charakter und seiner streckenhaften Weitschweifigkeit deutlicher als ein anderes Werk auf die in der praktischen Entfaltung und im Funktionswandel des verfassungsrechtlichen Stoffes angelegten Gründe hinweist, um derentwillen das systematische Lehrbuch das 19. Jh. nicht überleben konnte. Größere neue systematische Darstellungen des Bismarckschen Verfassungsrechts sind nach 1892, dem Erscheinungsjahr von Hänels „Staatsrecht", bezeichnenderweise nicht mehr vorgelegt worden; der ungefüger werdende Stoff ist neu nur noch von vereinzelten Kommentaren bewältigt worden, wie sie in den ersten Jahrzehnten des Reiches mit Ausnahme von *Seydels* früher Kommentierung noch ausgeblieben sind. Erst 1917 ist mit *Triepels* großer „Reichsaufsicht" nochmals ein das ganze Staatsrecht des kaiserlichen Reiches und seine Geschichte verarbeitendes Werk vorgelegt worden, das Hänels Untersuchungen in vielem verpflichtet ist, aber kein Lehrbuch mehr, sondern eine übermäßig ausgewachsene Monographie, die mit der erschöpfenden Verfolgung eines einzelnen zentralen Verfassungsinstituts den ganzen Kreis der staatsrechtlichen Probleme ausschreitet und sie mit seltener Anschaulichkeit vergegenwärtigt, wie sie Hänels Werken, besonders aber seinem „Staatsrecht", bei aller Eindringlichkeit, mit der sie der Hineinverflechtung der rechtlichen Regelungen in die politische Entwicklung nachgehen, nicht nachgerühmt werden kann.

---

[9] So die Zielbestimmung bei *E. R. Bierling,* Juristische Prinzipienlehre, 5. Bd., 1917, S. 107.

Vierter Abschnitt

Zur Interpretation der staatsrechtlichen Werke

Dem Versuch, sich eingehender über Hänels juristische Lebensarbeit zu vergewissern, bieten sich nicht die gängigen Anhaltspunkte an. Sein Werk steht nicht für ein Programm oder eine Schule, die es rechtfertigen könnten, daß man von einer Reihe schuleprägender Thesen ausgeht, ohne dabei Gefahr zu laufen, daß man Wesentliches übersieht. Noch mehr scheidet, wie im Regelfall überhaupt beim Juristen, der Zugang von einem philosophischen Denksystem her aus. Es bleibt nur der sorgfältige Rückgang auf die jeweiligen Gegenstände seiner Untersuchung; die Einsatzpunkte und der wechselnde Gang der Untersuchung sind möglichst genau nachzuzeichnen, mit dem Blick darauf, wo in der Stoffdurchdringung, in der Exposition der Probleme und in der Begründung der Ergebnisse das Neue gegenüber den Vorgängern liegt. Immerhin genügt es dabei, daß man sich auf die beiden Hauptwerke, die *Studien zum Deutschen Staatsrecht* und das *Deutsche Staatsrecht*, beschränkt.

1. Studien zum Deutschen Staatsrecht

a) Schon an der ersten der *Studien zum Deutschen Staatsrecht* über „Die vertragsmäßigen Elemente der deutschen Reichsverfassung" fallen alle kennzeichnenden Eigenschaften von Hänels juristischer Arbeitsweise auf. Er hat sich seitdem in seinem Arbeitsstil nicht mehr gewandelt, ihn nur an anderen Gegenständen bewährt. Auch die tragenden politischen Anschauungen, die unitarische Sicht des Bundesstaates und die unreflektierte Bejahung des souveränen Nationalstaates, treten schon hier nicht weniger scharf als später hervor. So läßt sich schon an der ersten Studie der von Hänel repräsentierte wissenschaftliche Typus genauer ausmachen. Kennzeichnend ist weniger der schöpferische Einfall als die Fähigkeit zu diskursiver Gedankenführung, zu gewissenhafter Selbstprüfung und strenger gedanklicher Zucht. Um ein Problem erschöpfend zu encadrieren, ist der scharfe Widerspruch zu einer vorgefundenen Meinung nötig, der dann auch so weit trägt, daß er teilweise das von der inneren Erfahrung Vorenthaltene ersetzt. Es ist schon darauf hingewiesen worden, daß die erste und dritte Studie temperamentvolle Kritiken sind, die deshalb von so sicherer Linienführung sind, weil sie frontal gegen eine geschlossene Meinung angehen und ihr Zug um Zug jede Stütze entziehen. Eine wesentliche Komponente ist weiter das oratorische Element. Es ist kein Akzidenz und kein zur zweiten Natur gewordenes Berufsmittel des Tagespolitikers, das für verflachte Prosa oder gesuchte Interessantheit verantwortlich wäre. An keiner Stelle schwächt die Oratorik die Verantwortlichkeit für die logische Gedankenführung und setzt dem juristischen Gehalt fremde Ingredienzen zu. Richtiger muß daher von einer oratorischen Durchgebildetheit der juristischen Argumentation gesprochen werden, die den diskursiven Gedankengang mit plastischer Anschaulichkeit vermählt. Wenn in Hänels ursprünglicher Anlagenkonstellation konstruktiver Sinn und abstrakter Normwille gegenüber den Kräften der inneren Erfahrung sicherlich überwogen, so hat das oratorische Element diese ungleiche Verteilung jedenfalls teilweise korrigiert. Gewiß ist es auch für manche Schachtelperiode verantwortlich wie den Fettdruck nicht nur in den Parlamentsreden, sondern auch in den wissenschaftlichen Arbeiten, eine viel belächelte harmlose Hänelsche Eigenheit. Aber die breit dahinströmenden oratorischen Perioden stellen doch auch die Ergebnisse der einzelnen Beweisführungen vor den Leser immer wieder plastisch-handgreiflich hin. Effektvolle Formulierungen von der Art der berühmten Stelle in der zweiten Studie, daß Preußen „kein exekutionsfähiger Staat" wäre, finden sich zahlreich in Hänels Arbeiten und sind fast immer der sichere Schlußstrich unter einen verwickelten Gedankengang.

Von den drei Studien hat die erste zweifellos am unmittelbarsten und sofort auf die fachliche Entwicklung gewirkt. Sie leitet nicht weniger als *Labands* spätere Gesamtdarstellung in die neue Periode des Reichsstaatsrechts über und markiert, nicht weniger bestimmt, wenn auch weniger ostentativ, den Trennungsstrich gegenüber dem wissenschaftlichen Erbe der Vergangenheit. Ihr für die Zeit wesentlichstes Ergebnis liegt in der überzeugenden Klarstellung des Rechtscharakters der Reichsverfassung als Reichsgesetz, in der brillanten Abfertigung der *Seydel*schen Konstruktion der „juristischen Natur" des Reiches als eines vertraglichen Bündnissystems. Dieses Verdienst kann leicht unterschätzt werden, wenn man sich an die übliche Einschätzung der Seydelschen Lehre als einer verfassungsrechtlichen dissenter-opinion ohne nennenswerten Anhang im fachlichen Schrifttum und ohne fühlbaren Einfluß auf die bundesstaatsrechtliche Praxis hält. Es ist aber wesentlich gerade Hänels Widerlegung der Seydelschen Lehre zu verdanken, wenn diese nur eine begrenzte Wirkung erlangte; andererseits hat das Fach bei aller scharfen Zurückweisung von Seydels vertraglicher Konstruktion der Reichsverfassung durchaus deren Grundlage, die Destruktion der überkommenen Tocqueville-Waitzschen Bundesstaatslehre, akzeptiert. Ausgehend von der logischen Unmöglichkeit einer Teilung der staatlichen

Souveränität zwischen Zentralstaat und Gliedstaaten, wie sie diese überkommene Lehre unterstellt hatte, hatte Seydel mit schroffster juristischer Orthodoxie den Satz aufgestellt, daß es überhaupt keinen Bundesstaat geben könnte, und entsprechend auch dem Reich lediglich einen staatenbundlichen Charakter bescheinigt[1]. Dieser Verpflanzung einer Lehre aus dem amerikanischen Bürgerkrieg auf deutschen Boden, die den rechtlichen Bestand des Gesamtstaates völlig in den Willen seiner staatlichen Glieder stellte, ist Hänel mit denselben scharfgeschliffenen juristischen Waffen begegnet, über die sein partikularistischer Gegner so sicher verfügte. Er verfolgt zunächst den Streitstand auf den in Amerika hervorgebrochenen Grundkonflikt, die Kernpunkte der sezessionistischen Lehre Calhouns und die daraus in Amerika erwachsenen Konsequenzen zurück, um dann in gründlichster Gesetzesexegese dem Versuch, den Grund für die Rechtsverbindlichkeit der Reichsverfassung in einen Vertrag zu verlegen, allen Boden zu entziehen. Es genügt, kurz auf die Hauptpunkte dieser glänzenden Widerlegung der Seydelschen Thesen hinzuweisen, während in dieser Skizze die akribischen Klärungen der Bezugnahmen der Reichsverfassung auf vertragsmäßige Elemente und ihres rechtlichen Charakters als heute nur noch von spezialhistorischem Interesse übergangen werden müssen: Dem behaupteten völkerrechtlichen Vertragscharakter des Reiches widerspricht es, daß das Reich die rechtliche Selbstbestimmung seiner Kompetenz besitzt; die Rechte der Einzelstaaten gegenüber dem Reich können nie durch Rechts- oder Machtmittel geltend gemacht werden, die sich die Verleugnung der Überordnung des Reiches und die Gefährdung der Voraussetzungen seines Bestandes zum möglichen Ausgangs- oder Endpunkt nehmen, vielmehr trägt die Staatsgewalt des Reiches die Machtmittel ihrer Existenz in sich selbst; die Reichsverfassung kann nur durch Gesetz geändert werden und schließt damit jede Beschränkung der verfassungsmäßigen Befugnisse der Reichsorgane durch Vertrag oder vertragsmäßige Verhältnisse aus; sie konnte auch überhaupt nicht durch eine Summe übereinstimmender Landesgesetze zur rechtlichen Geltung gelangen, da sie als Landesgesetz einen rechtlich unmöglichen Inhalt hätte, die einzelstaatlichen Publikationsgesetze somit nur diejenigen gesetzlichen Bestimmungen jeweils für den einzelnen Staat außer Kraft setzen konnten, die den in Aussicht genommenen unmittelbaren Wirkungen und Ermächtigungen der Verfassung im Wege standen. Diese Ergebnisse haben zum größeren Teil überwiegend Zustimmung gefunden, teilweise wurden sie einfach wie von Laband übernommen. Das zyklische Denkproblem, wie denn bei dem „gleichzeitigen" Entstehen von Reich (Bund) und Reichsverfassung (Bundesverfassung) die letztere die positive Grundlage ihrer gesetzlichen

---

[1] Vgl. neben seinem Kommentar zur Reichsverfassung (1873) seine Abhandlung über den Bundesstaatsbegriff in der Zeitschr. f. d. ges. Staatswissenschaft, 28. Bd. (1872), S. 185 ff.

Geltung erlange, hat freilich auch Hänel nicht befriedigend bewältigt. Er meinte es einfach mit dem Hinweis auf die faktische Aneignung der Bundesverfassung durch den Bund vermittels seiner Organe gelöst zu haben[2] — eine These, die offensichtlich eine Lücke in der Begründung der normativen Geltung aufweist und zu Recht von Laband und anderen als eine schlecht verhüllte generatio aequivoca bezeichnet worden ist[3]. Allerdings hat auch die herrschende Lehre das Problem als ein non liquet bezeichnen müssen, indem sie sich auf die These vom Staatsbildungsprozeß als nationaler Tat oder politischer Naturtatsache zurückzog, die sich schlechterdings dem Erklärungsvermögen des Staatsrechts entzöge[4].

Die Bedeutung von Hänels erster Studie liegt indessen nicht nur in der gründlichen Klarstellung des ausschließlichen Rechtscharakters der Reichsverfassung als konstitutionelles Gesetz. Auch in anderer Hinsicht erscheint sie als ein seltener früher Höhepunkt in der wenig befriedigenden wechselhaften Bundesstaatsdebatte, einer mit viel abwegigem Scharfsinn und überflüssiger Schulmeisterei geführten Kontroverse, die für den verengten Blickkreis der positivistischen Staatsrechtsjurisprudenz, ihren mangelnden Probleminstinkt und ihre unkontrollierten Neigungen zu Einseitigkeiten bezeichnender ist als jede andere damalige Debatte über einen dogmatischen Grundbegriff. Gemeint ist die von ihm vertretene grundsätzliche Sichtweise der bundesstaatlichen Ordnung, an der nicht nur charakteristisch ist, daß sie klar von der Notwendigkeit einer juristisch scharfen Erfassung der Struktur und staatlichen Qualität der bundesstaatlichen Ordnung ausgeht, sondern zugleich auch ihre politische Motivation und geschichtliche Entwicklungsrichtung zu berücksichtigen versteht. Wenn später *Otto Mayer* unter den unerquicklichen Streit um den Bundesstaatsbegriff mit der Feststellung einen Schlußstrich zu ziehen gewähnt hat, daß man den Bundesstaat einfach als politisches Programm gelten lassen solle, d. h. sich damit begnügen solle, die Rechtsformen aufzuweisen, „in welchen dieses Programm sich verwirklicht"[5], so trifft dies in aller Kürze annähernd am besten Hänels Anliegen in seinen wiederholten Umkreisungen des Bundesstaatsproblems. Seine Re-

---

[2] Studien zum Deutschen Staatsrecht. Erste Studie. Die vertragsmäßigen Elemente der Deutschen Reichsverfassung, Leipzig 1873, S. 76 f.
[3] Vgl. *Laband*, Staatsrecht des Deutschen Reiches, Erster Band, 4. Aufl. (1901), S. 25 f.; *Jellinek*, Allgemeine Staatslehre, Neudruck 1960, S. 776, und auch die weiteren Bedenken gegen Hänel bei *S. Brie*, Theorie der Staatenverbindungen, 1886, S. 132, N. 2. Mit dem Hinweis, daß er nicht behauptet hätte, daß die Konstituierung des Bundes in ihren beiden Momenten der Verfassungsvereinbarung unter den Regierungen und des rechtlichen Zur-Geltung-Gelangens der Verfassung aufgrund einer bereits als geltend vorausgesetzten Verfassung erfolge, hat *Hänel* in seinem Staatsrecht dieser Kritik vergebens die Spitze abzubiegen versucht. Vgl. Deutsches Staatsrecht, Erster Band, Leipzig 1892, S. 32 f.
[4] So vor allem *Jellinek*. Vgl. Allgemeine Staatslehre, S. 273, 775 ff.
[5] Republikanischer und monarchischer Bundesstaat, in: AöR, Bd. 18 (1903), S. 340.

flexionen laufen sich nicht bei dem Dilemma der herrschenden formalistischen Lehre fest, welches durchgreifende staatskonstitutive Merkmal denn zur Qualifizierung der Gliedstaaten im Unterschied von Provinzen und Kommunalverbänden übrigbleibe, wenn das Merkmal der Souveränität ausgeschieden wird. Unter *Labands* Führung hat die herrschende Lehre dieses Merkmal in dem rein ideologischen des „eigenen staatlichen Herrschaftsrechts" gesehen, einem für den Funktionssinn und die Verfassungsstaatlichkeit der bundesstaatlichen Ordnung völlig unerheblichen Moment. Diese Doktrin läßt die tragende politische Mitte jeder bundesstaatlichen Ordnung, das ständige, verfassungsstaatlich geordnete Zusammenwirken einer Gesamtheit von politischen Verbänden unter einer einheitlichen Leitungsgewalt, einfach aus der dogmatischen Konstruktion herausfallen, während Hänel gerade in der Totalität des „organischen Miteinanders", „in dem planmäßigen Zusammenwirken von Bund und Ländern" den Begriff des Staates mit seinen notwendigen Attributen sucht[6]. Von hier aus gelangt er schon in seiner ersten Studie zur Aufstellung seiner grundlegenden These: „Nicht der Einzelstaat, nicht der Gesamtstaat sind Staaten schlechthin, sie sind nur nach der Weise von Staaten organisierte und handelnde politische Gemeinwesen. Staat schlechthin ist nur der Bundesstaat als die Totalität beider[7]." Unumwunden hat er es schon bei dieser Gelegenheit ausgesprochen, daß es unmöglich wäre, den vollen, nicht für den einzelnen Fall umgebogenen und wesentlicher Merkmale beraubten Staatsbegriff gleichzeitig im Gesamtstaat, im Einzelstaat und in ihrer Nebenordnung wiederzufinden, und daraus die Folgerung gezogen, daß die Gliedstaaten lediglich als staatsartig organisierte Gebilde angesehen werden könnten, mit dem Unterschied zu den ihnen eingegliederten Selbstverwaltungsverbänden, daß sie staatliche Aufgaben „nach eigenen Gesetzen" erfüllten.

Diese institutionelle Deutung des Bundesstaats ist oft mißverstanden worden, teilweise wurde sie auch völlig übersehen. Erst neuerdings hat ein Ansatz, der eine rechtliche Neudeutung des Bundesstaates bezweckt und dabei vor allem seinen Charakter als *demokratischer* Bundesstaat berücksichtigt, ihre juristische Fruchtbarkeit sich ausgiebiger zunutze gemacht[8]. Irrig ist es vor allem, wenn man Hänels Bundesstaatslehre in die Nähe der zuerst von *Kelsen* und *Nawiasky* entwickelten dreigliedrigen Bundesstaatslehre bringt. Diese Deutung Hänels als Vorläufer oder gar Urheber[9] der Dreigliederungslehre ist nur möglich, wenn man seine allerdings leicht mißverständliche Terminologie mit jener der Vertreter der Dreigliederungslehre verwechselt. Denn er geht

---

[6] Vgl. hierzu Studien, I, S. 62 f., 241 sowie Staatsrecht, S. 208, 223, 793 ff.
[7] a.a.O., S. 63.
[8] *Wieland Hempel*, Der demokratische Bundesstaat, 1969.
[9] So aber *E. R. Huber*, Deutsche Verfassungsgeschichte, 3. Bd., 1963, S. 793.

nicht davon aus, daß der Gesamtstaat eine zusätzliche überwölbende Einheit über Zentralstaat und Gliedstaaten ist, wie es dem Ansatz der Dreigliederungslehre entspricht, vielmehr ist für ihn der Gesamtstaat das Reich selbst und also mit dem Zentralstaat im Sprachgebrauch der späteren Dreigliederungslehre identisch[10], und zwar wegen der Eigenschaft des Reiches als *des* staatlichen Entscheidungs- und Koordinierungszentrums, oder in seiner Ausdrucksweise: wegen der Selbstbestimmung seiner Kompetenz durch das Reich, seiner Rolle als aktiver Garant der auf ein Ganzes hingeordneten staatlichen Organisation. Eben deshalb greift auch der Vorwurf[11] gegen seinen Ansatz fehl, daß er die naheliegende Folgerung nicht gezogen hätte, die Souveränität, die er den notwendigen Staatsattributen zuzählt, der staatlichen Gesamtheit zuzurechnen; auch dieser Einwand übersieht die von ihm unterstellte dialektische Einheit von Gesamtstaat und Zentralstaat und operiert letztlich mit der überkommenen Prämisse, daß die souveräne Rechtspersönlichkeit des Staates der unverzichtbare Ausgangspunkt für alle staatsrechtlichen Aussagen über die staatliche Einheit bildet, was gerade nicht seine Prämisse ist. Irrig oder zumindest verständnislos ist aber auch der von der herrschenden formalistischen Lehre gegen seine Bundesstaatslehre erhobene Einwand, daß sie mit ihrer Abstellung auf die im Bundesstaat vorliegende Vermehrung des „Zusammenspiels" der staatlich wirksamen Kräfte lediglich eine Betrachtung des Staates „als objektive Institution" wäre, ohne ein ausreichendes Prinzip für die Entwicklung des Bundesstaatsrechts[12]. Nicht nur daß die bundesstaatliche Entwicklung mit ihren vielfältigen Formen föderativer Verklammerung diesen für das positivistische Trennungsdenken so bezeichnenden Einwand augenfällig entkräftet hat und die juristische Unergiebigkeit gerade einer schroffen Isolierung von Bund und Gliedstaaten im Sinne der formalistischen Doktrin an den Tag brachte, Hänel hat auch selbst diesen Einwand durch den konkreten Nachweis der juristischen Fruchtbarkeit seiner Bundesstaatslehre gegenstandslos gemacht. Bezeichnenderweise schließt seine Studie mit einem Abschnitt über den „Schutz der Staatenrechte", und dies folgerichtig in der Verfolgung ihres Grundgedankens, daß in der Selbstbestimmung des Reiches über seine Kompetenz der „Kernpunkt seiner Souveränität"[13] liegt und sich damit der Rechtsbestand der Gliedstaaten wesensmäßig als ein prekärer darstellt — ein Abschnitt, der dann in seinem Staatsrecht wesentlich erweitert unter der Überschrift „Staatenpflege" wiederkehrt. Allerdings: Bis zu einer Erfassung auch der „bündischen" Imponderabilien, der „ungeschriebenen" föderalen Verfassungssätze hat er die damit angebahnte Untersuchungsrichtung nicht fruchtbar gemacht. Dem stand

---

[10] Richtig in diesem Sinne allerdings auch *Huber*.
[11] So *Hempel*, S. 241.
[12] So *Laband*, Staatsrecht, Erster Band, 4. Aufl. (1901), S. 77.
[13] Studien, I, S. 149.

wohl zu sehr entgegen die Orientierung an den republikanischen Bundesstaatsrechtsmodellen, die hauptsächlich die Verantwortung für die zu stark technisch-arbeitsteilige Sicht des staatlichen „Gesamtplanes" trägt. So wird man am ehesten den Einwand gegen seine Bundesstaatslehre gelten lassen können, den seiner Studie schon bei ihrem Erscheinen *H. A. Zachariä* gemacht hat, jener Vertreter der älteren konstitutionellen Staatsrechtslehre, der im konstituierenden Reichstag mit dem Antrag unterlegen ist, die verfassungsändernde Kompetenz der Bundesorgane so zu fassen, daß sie dem Begriff des Bundesstaats gemäß nicht auch auf die verfassungsmäßig festgelegte Kompetenzverteilung zwischen Bund und Einzelstaaten sich erstrecke, was Hänel in seiner Studie als schlechterdings unvereinbar mit allen Rechtsgedanken der Verfassung bekämpft hat: Daß er zu sehr nur mit dem Begriff des Staates operiere und den des Bundes ignoriere[14].

b) Die Ausrichtung mehr an der unitarisch-konstitutionellen als an der föderalistisch-bündischen Grundlage der Verfassung behält auch die mittlere Studie bei. Sie ist von den drei fraglos diejenige, die am meisten die staatsrechtlichen Darstellungen befruchtet hat. Ist doch erst von dieser klassischen Studie, wie sie bald bezeichnet wurde, die Tatsache voll ans Licht gezogen worden, daß sowohl der erste preußische Entwurf zur norddeutschen Bundesverfassung wie die Regierungsvorlage an den verfassungsvereinbarenden Reichstag noch überhaupt kein Präsidium für das neue staatliche Gebilde vorgesehen hatten, das in demselben Sinne ein Bundesorgan gewesen wäre wie Reichstag und Bundesrat. In ähnlicher Weise an die verfassungspolitische Ausgangslage anknüpfend, wie dies in der ersten Studie der Fall ist, wenn diese zunächst der Rolle der Staatenrechtsdoktrin in der amerikanischen Entwicklung nachgeht, deckt das berühmte erste Kapitel dieser Studie auf, daß nach Bismarcks ursprünglichem Verfassungsplan das Präsidium nur die Krone Preußen als solche sein sollte und seine schließliche Stellung und die des Kanzlers vom Reichstag Bismarck erst gegen seinen Willen aufgenötigt wurde. Nach Hänels Darstellung kannte die Regierungsvorlage Präsidialrechte nur innerhalb des Bundesrats und als preußische Hegemonialrechte, die zwar für den Bund, aber durch preußische Organe über die mit Preußen verbündeten Staaten ausgeübt werden sollten; dementsprechend war auch der Bundeskanzler nicht als ein echter Bundesminister, sondern lediglich als preußischer Präsidialgesandter im Bundesrat, der dort den Vorsitz namens der preußischen Staatsregierung führen sollte, gedacht. Erst die wenig auffällige Änderung des späteren Art. 17, die die liberalen Bestrebungen auf Einführung eines konstitutionellen Bundesministeriums schließlich mit der Annahme des zweiten Amendements Bennigsen erreichten, das dem Kanzler die Verantwortlichkeit

---

[14] In einer Besprechung in den Göttinger Gelehrten Anzeigen, 1874, S. 590 ff.

für alle Präsidialakte mit Ausnahme der Angelegenheiten des militärischen Oberbefehls auferlegte, veränderte diese ursprüngliche Anlage von Grund auf und führte zur Konstituierung einer selbständigen Bundesexekutive, die dem Kanzler die Stellung eines leitenden Bundesministers gab. Diese berühmte Darstellung ist von den meisten Lehrbüchern übernommen worden und bildete die Grundlage der klassischen Theorie des Reichskonstitutionalismus, wie sie die übergroße Mehrzahl der namhaften Autoren, *Laband, Jellinek, Anschütz, Triepel, Hugo Preuß* u. a., vertrat.

Der besondere Stellenwert der mittleren Studie liegt indessen nicht nur darin, daß sie im ersten Kapitel genau auf den Punkt in der Entstehungsgeschichte der Verfassung zurückgeht, wo die divergierenden verfassungspolitischen Grundanschauungen aus der Verhüllung und Vermengung mit untergeordneten Gegensätzen hervortraten, die unsichere Erfassung des angestrebten Einigungswerkes abgestreift wurde und die Gegensätze sich klar in der Form gegensätzlicher organisatorischer Konzeptionen gegenübergetreten sind. Mit dieser Klarstellung der organisatorischen Grundanschauungen und der Tragweite der Änderung des späteren Art. 17, auf die die bisherigen Darstellungen nicht oder nur ganz beiläufig hingewiesen hatten[15], war zugleich der Ausgangspunkt für ein vertieftes neues Verständnis der Verfassung und der Eigenart ihrer rechtlichen Probleme gewonnen. Deutlich tritt dies schon in der Anlage der Studie und der Rechtfertigung zutage, die für sie in der kurzen Einleitung gegeben ist. Hänel geht hier davon aus, daß die vom Standpunkt der juristischen Technik aus unbestreitbare Mangelhaftigkeit der Verfassung im Vergleich mit den älteren Verfassungsurkunden der USA und Schweiz, ihre oft ungenaue Ausdrucksweise, lose Zusammenfügung und ungleichmäßige Durcharbeitung, nicht nur im Bedürfnis und in der Notwendigkeit nach raschem Abschluß der Verfassungsarbeiten ihre Erklärung finden würde, sondern auch darin, daß der konstituierende Reichstag eine fundamentale Änderung in der organisatorischen Anlage des ihm vorgelegten Verfassungsentwurfs vornahm, ansonsten aber Ausdrucksweise und Struktur des Entwurfs der Regierungen fast unverändert beibehielt. Die durch diese Nachlässigkeit der Verfassungsschöpfer, es mit einer einzelnen fundamentalen Änderung bewenden zu lassen und nicht auch die übrigen Verfassungsbestimmungen zu überprüfen und sie an diese Änderung anzugleichen, notwendig in die Verfassung hereingekommenen Inkongruenzen, Widersprüche und Unfertigkeiten sind das eigentliche Thema seiner Untersuchung, die demgemäß in den weiteren Kapiteln auch so fortschreitet, daß sie nach den verschiedenen

---

[15] Typisch *Laband*, der auch in den späteren Auflagen seines Staatsrechts bei der Darstellung der Entstehungsgeschichte der Verfassung auf die Änderung ohne nähere Erläuterung nur mit einem Satz in einer Fußnote hinweist. Vgl. Staatsrecht, Erster Band, 4. Aufl. (1901), S. 22 N. 2.

Richtungen hin diese durch die Unvollständigkeit der Änderung bedingten Widersprüche und Unausgeglichenheiten, die bisher zu ihrer Überwindung eingeschlagenen praktischen Wege und die Möglichkeit ihrer befriedigenderen Überwindung durch Verfassungsänderungen näher überprüft.

Dieses immer erneute Ausgehen von den Widersprüchen und Unfertigkeiten in der Verfassungsstruktur hat nicht nur die Bedeutung einer glücklichen Darstellungstechnik, sondern auch einer rechtsinterpretativen Maxime; es eröffnet die Möglichkeit, die einzelnen Verfassungsbestimmungen auf ein einheitliches Prinzip zurückzuführen und sie im Lichte dieses Prinzips, d. h. des Gesamtzusammenhangs und des Funktionssinns der Verfassung, immanent produktiv zu kritisieren. Erst von da, der Entfaltung der Rolle des Art. 17 als eines „schöpferischen Rechtssatzes"[16], datiert eigentlich erst das Bewußtwerden der besonderen Problematik des Bismarckschen Verfassungsrechts als eines „unreflektierten" Verfassungsrechts, wie es später prägnant ausgedrückt wurde, seines ausschließlichen Aufbaus aus nur teilweise normierten organisatorischen Trennungen und Verbindungen, seiner besonderen Angewiesenheit auf eine Fülle ungeschriebener Rechtssätze und eine aktive Fortbildung durch die Praxis, der Spannung zwischen der oft schärferen Ausbildung seiner Prinzipien in der Praxis und ihrer unschärferen im formellen Verfassungstext. Auch dort, wo später, in den kritischen Jahren des Weltkriegs, Hänels unitarisch-konstitutioneller Interpretation eine andersgerichtete Verfassungsinterpretation entgegengesetzt wurde, die stärker an Bismarcks ursprüngliche Intentionen und die spezifischen Rechtsgedanken seines bündischen Föderalismus anzuknüpfen versuchte und die Unfertigkeiten der Verfassung als planmäßige Absicht Bismarcks apologetisierte, wurde dieses bahnbrechende Verdienst seiner mittleren Studie vorbehaltlos anerkannt[17].

Es ist überflüssig zu sagen, daß von allen Arbeiten Hänels der Zusammenhang mit seinen politischen Bestrebungen in dieser mittleren Studie am handgreiflichsten wird. Ihr politischer Hintergrund ist das Ringen um das Kanzlerstellvertretungsgesetz von 1878, mit dessen Verabschiedung die Vorkämpfer einer stärker konstitutionellen Verfassungsgestaltung dem Zweck, den sie bei den Verfassungsberatungen im konstituierenden Reichstag mit den dem Amendement Bennigsen vorangegangenen Änderungsanträgen angestrebt hatten, nämlich die Staatsleitung in die Hände eines verantwortlichen kollegialen Bundesministeriums zu legen, doch noch um ein größeres Stück als mit dem späteren Amendement, das die ursprünglichen konstitutionellen Forderungen erheblich zurückgesteckt

---

[16] *Hugo Preuß*, Die organische Bedeutung der Art. 15 und 17 der Reichsverfassung, in: Zeitschr. f. d. ges. Staatswiss., Bd. 45 (1889), S. 437.
[17] Vgl. besonders *Erich Kaufmann*, Bismarcks Erbe in der Reichsverfassung, in: Gesammelte Schriften, Bd. I, 1960, S. 176, 182 N. 103.

hatte, näher gekommen sind. Es ist gerade Hänel gewesen, der die schon vor dem Stellvertretungsgesetz gepflogene Praxis, Kanzlerstellvertreter zu bestellen, die, indem die Gegenzeichnung der kaiserlichen Regierungsakte allein dem Kanzler oblag, notwendig eine praktische Abbedingung der auf der Gegenzeichnung beruhenden Verantwortlichkeit des Kanzlers zur Folge hatten, eben in diesem Sinne eindringlich im Reichstag als eine Schmälerung der verfassungsmäßigen parlamentarischen Verantwortlichkeitspflicht des Kanzlers beanstandete[18]. Er erreichte damit von der Regierung die Zusicherung, daß künftig die Stellvertretung sich nicht auf die Kontrasignatur erstrecken werde, und trug damit dazu bei, daß im weiteren Verlauf die Regierung dem Reichstag den Entwurf eines Stellvertretungsgesetzes zuleitete, das auch für die Vertretung des Kanzlers in seiner Eigenschaft als Reichsminister die rechtliche Grundlage schaffte und damit die in der bisherigen Vertretungspraxis gelegene Möglichkeit einer Durchlöcherung seiner Verantwortlichkeit beseitigte. Die verfassungspolitische Tragweite der mit dem Amendement Bennigsen bewirkten Änderung hat freilich Hänel in seiner Identifizierung mit dem politischen Anliegen der Vorkämpfer für eine parlamentarisch-konstitutionelle Verfassungsgestaltung fraglos überschätzt. So wenn er die Entwicklung im konstituierenden Reichstag so darstellt, als ob die liberalen Parlamentarier mit dem schließlich angenommenen Amendement Bennigsen im wesentlichen doch dasselbe erreicht hätten, was sie mit ihren früheren abgelehnten weitergehenden Anträgen angestrebt hätten[19]. Diese Darstellung verkleinert zu sehr den Abstand zwischen dem Amendement Bennigsen und diesen früheren Anträgen, die, also die Anträge Ausfeld, Erxleben, Lasker und der ursprüngliche Antrag Bennigsen, ausnahmslos Vorstände der einzelnen Verwaltungszweige im Rahmen der Kompetenz des Bundespräsidiums gefordert hatten, also auf verantwortliche Ressortchefs, auf die Kollegialisierung der Regierungsspitze und die scharfe Scheidung zwischen der Stellung des Kanzlers als Vorsitzender des Bundesrats und als leitender präsidialer Minister hingezielt hatten, die Bismarck mit der Einbettung der kanzlerischen Wirkungssphäre in den Bundesrat gerade vermeiden wollte; das spätere Amendement Bennigsen akzeptierte dagegen diese seine verfassungspolitische Grundabsicht und erlegte dem Kanzler in seiner Eigenschaft als Repräsentant des Bundesrats die Verantwortlichkeit für die präsidialen Regierungsakte auf. So ist auch Hänels These zu weitgehend, daß, wenn nunmehr der Kaiser den Kanzler ernennt und dieser in seiner Eigenschaft als Kanzler den Vorsitz im Bundesrat innehat, damit nicht mehr das Präsidium in Gestalt des preußischen Staates, bzw. des Königs von Preußen,

---

[18] Stenogr. Ber. des Deutschen Reichstags, 3. Leg.Per., III. Sess., S. 417 ff.; vgl. auch Studien zum Deutschen Staatsrecht. II. Teil, 1. Heft: Die organisatorische Entwicklung der Deutschen Reichsverfassung, Leipzig 1880, S. 34.
[19] Vgl. ebd., S. 18 f.

also ein Mitglied des Bundes und Bundesrats, sondern ein „außerhalb des Bundesrats stehender Gewaltträger" den Kanzler ernenne: „Mit dem Reichskanzler als Präsidenten sitzt Jemand im Bundesrat, der nicht von einem Einzelstaat ernannt und als solcher nicht Bevollmächtigter eines Einzelstaates ist[20]." Auch darin liegt sicher eine „Überspannung"[21] des unitarisch-konstitutionellen Moments, das das Amendement Bennigsen in die spätere Reichsverfassung hineinbrachte, denn die ihm zugrundeliegende und für Bismarck und die verbündeten Regierungen allein akzeptable Absicht ging, wie es Hänel selbst an anderen Stellen so eindringlich darstellt, eben nur dahin, die Sphäre der preußischen Hegemonie *außerhalb* des Bundesrats in eine durch Bundesorgane wahrzunehmende Bundeskompetenz umzuwandeln, nicht damit aber auch in die Verhältnisse innerhalb des Bundesrats und die hier Preußen eingeräumte Vormachtstellung eine Veränderung zu bringen[22].

Es ist aber nicht nur an dieser Stelle, sondern überhaupt Hänels Tendenz, der mit dem Amendement Bennigsen bewirkten Ausgliederung der Bundesexekutive aus der Sphäre des Bundesrats und der preußischen Regierung diese umfassende, auch für die anderen Verfassungsteile relevante Bedeutung beizulegen, sie als eine grundlegende, allerdings unfertige Umwälzung im gesamten ursprünglich geplanten Verfassungssystem deutlich zu machen, die künftig mit der vollständigen Ausgestaltung des Kaisertums als „selbständiger Organisation" der Reichsexekutive zu Ende zu führen sei. In diesem Sinne befürwortet er als „wesentlichste" Zukunftsaufgabe die Ausstattung der kaiserlichen Gewalt mit dem vollen konstitutionellen Veto, ihre Aufwertung zu einem selbständigen Faktor im Gesetzgebungsprozeß[23]. Bezeichnend ist dabei, daß er das materielle Veto des Kaisers sowohl bei der Zuleitung der Gesetzesvorlagen vom Bundesrat an den Reichstag wie am Ende des Gesetzgebungsprozesses nicht nur deshalb für unumgänglich erachtet, um im schwierigen Verhältnis der Reichs- zur preußischen Staatsgewalt besser das „Gleichgewicht" zu sichern, sondern um zugleich eine „erweiterte"

---

[20] Ebd., S. 26.
[21] *Smend*, Die Stellvertretung des Reichskanzlers, in: Annalen des Deutschen Reichs, 1906, S. 325.
[22] Die naheliegende Konsequenz aus seiner Argumentation, daß dann der Reichskanzler nicht mit rechtlich zwingender Notwendigkeit Mitglied des Bundesrats zu sein brauche, was bekanntlich Bismarcks Ansicht gewesen ist (vgl. Stenogr. Ber. des Deutschen Reichstages, 3. Leg.Per., III. Sess., Sitzung v. 13. Mai 1877, S. 127), hat er übrigens nicht gezogen, sondern die rechtlich zwingende doppelte Eigenschaft des Kanzlers als Vorsitzender im Bundesrat und Bevollmächtigter eines Einzelstaates, und zwar Preußens, nur anders als die von *Laband* vertretene herrschende Lehre begründet, nämlich nicht mit der vorgeschriebenen Vertretungsmöglichkeit „durch jedes andere Mitglied des Bundesrats", sondern unter Verweis auf die bei Stimmengleichheit ausschlaggebende Präsidialstimme, „die zweifellos die Stimme Preußens, als Einzelstaates geblieben (ist)". Vgl. Studien, S. 24 ff., 27.
[23] Vgl. Studien, S. 48 ff., 55, 61.

Grundlage für die konstitutionelle Verantwortlichkeit des Kanzlers zu bekommen. Die zu Ende geführte Ausbildung der eigenen kaiserlichen Regierung durch ihre Emanzipation vom Bundesrat und dessen Herabdrückung auf die Aufgaben eines bloßen Gesetzgebungsorgans ist zugleich das Vehikel für die Steigerung des Einflusses des Parlaments auf die Regierung, die Vervollständigung der kaiserlichen Gewalt die Bedingung für den Übergang zum parlamentarischen System. So läßt die Studie, entgegen dem geläufigen Bild von einer konstitutionellen Resignation des deutschen Liberalismus seit der späten Mitte der 70er Jahre, in scharfen Umrissen das konkrete Programm einer parlamentarischen Fortentwicklung der Reichsverfassung erkennen, das sich sicher dem in ihr angelegten Balancesystem von monarchischer und parlamentarischer Gewalt, von föderalen und unitarischen Elementen, von bürgerlicher Freiheit und obrigkeitsstaatlicher Machtorganisation anschmiegt und es in Einklang mit der Grundtendenz der Entwicklung, dem gleichzeitigen Anwachsen des monarchischen, parlamentarischen und unitarischen Einflusses, nach dem einen Pol hin, dem der bürgerlichen Freiheit, parlamentarischen Selbstbestimmung und stärkeren Unitarisierung, aufzuheben bezweckt. Wenn Laband aus der Reichsgründung den erklärten Schluß gezogen hat, daß mit ihr der im bisherigen zersplitterten Rechtszustand angelegte Beruf der Staatsrechtswissenschaft zur Darstellung der in die Zukunft weisenden nationalen Rechtsüberzeugungen beendet wäre, so hat Hänel die mit der Reichsgründung bewirkte Ortsveränderung der Disziplin im Ganzen des nationalen Lebens nicht so aufgefaßt. Juristische und historisch-politische Wahrheit sind für ihn nicht zwei verschiedene Wahrheiten gewesen, wie es ein berühmter Satz von *Anschütz* besagt[24]. Ungewollt hat er allerdings gerade mit seiner mittleren Studie dem zeitgenössischen positivistischen Trennungsdenken in eben der Frage, die Anschütz zu dieser Feststellung veranlaßte, auch Vorschub geleistet: Gerade dadurch, daß er so scharf die ursprünglich vorgesehene direkte preußische Hegemonie in Gestalt der Wahrnehmung der Bundesexekutive durch preußische Organe aufdeckte und ihre Beseitigung als den Angelpunkt in den parlamentarischen Verfassungsberatungen darstellte, hat er indirekt mit dazu beigetragen, daß auch weiterhin der hegemonische Grundzug der Verfassung von den staatsrechtlichen Darstellungen als eine für die juristische Betrachtung nicht relevante nur historisch-politische Tatsache übergangen wurde[25].

c) Auf die dritte Studie, den großen Angriff auf die Lehre vom doppelten Gesetzesbegriff, müßte an sich ausführlicher eingegangen werden, da sich in ihr Hänels theoretische Anschauungen am geschlossensten ent-

---

[24] Den Satz zitiert H. *Triepel* in seiner bekannten Rektoratsrede: Staatsrecht und Politik, 1927, S. 11.
[25] Zu dieser ungewollten Auswirkung auch H. *Triepel* in seinem Alterswerk Die Hegemonie, Neudruck 1961, S. 2, 534 f.

falten; seine Differenz zum zeitgenössischen Positivismus läßt sich anhand dieser Studie zweifellos am sichersten bestimmen. Wir können uns aber auch ihr gegenüber mit einem verhältnismäßig kurzen Referat begnügen und sind dazu um so eher berechtigt, als sie schon wiederholt eingehender, sowohl im älteren wie im neueren Schrifttum, gewürdigt wurde[26]. Auch ihre Stärke liegt in der scharfen Beleuchtung der politischen Probleme und Entwicklungsalternativen, ohne daß sie an irgendeiner Stelle auch nur im leisesten bestimmte politisch erwünschte Ergebnisse im Gewande juristisch-exegetischer Erwägungen zu suggerieren versucht. Vielmehr ist gerade sie ein besonders schönes Zeugnis für das selbstverständliche wissenschaftliche Ethos, dem sich nicht zuletzt in der Periode des noch nicht diskreditierten Gesetzespositivismus die damals versuchte und im großen ganzen auch erfolgreich bewerkstelligte Trennung von Staatsrecht und Politik verdankt. Hänel nennt die politischen Entscheidungen in den Verfassungsnormen klar beim Namen, er verdunkelt nicht den jeder Verfassungsinterpretation notwendig anhaftenden politischen Wertungscharakter, aber er vermengt nicht unkontrollierbar juristische und politische Überlegungen. Es ist dies kein geringer Unterschied zu *Laband*, dem seine Kritiker wiederholt nicht zu Unrecht vorgehalten haben, daß seine Argumente nur zu oft den Eindruck machten, daß die juristischen Gründe mehr nur dem Schein nach gegeneinander abgewogen würden, um das in Wahrheit für das Ergebnis ausschlaggebende politische Motiv zu verdecken, ja mitunter gerade dann besonders überzeugend sich präsentierten, wenn sich die politische Motivierung am leichtesten erkennen ließe. Die größere Lauterkeit von Hänels Argumentation aber rührt letztlich daher, daß er auf der Grundlage einer geklärteren und durchdachteren Rechtstheorie argumentiert.

Besonders daran wird deutlich, daß sein Werk einen zugleich konsequenteren und reflektierteren Positivismus als das Werk *Labands* und seiner anderen Zeitgenossen repräsentiert. Der überlegene Angriff gegen die Lehre vom doppelten Gesetzesbegriff wird vom selben methodischen Boden aus vorgetragen, auf dem auch Laband und die anderen Verfechter dieser Lehre stehen. Auch Hänel beruft sich nicht weniger als seine Gegner auf die Beweiskraft logischer Kategorien; auch er erwartet die Lö-

---

[26] Vgl. *E.-W. Böckenförde*, Gesetz und gesetzgebende Gewalt, 1958, S. 282 ff., der auch gut die Eigentümlichkeiten von Hänels methodischer Vorgehensweise hervorhebt; *H. W. Kopp*, Inhalt und Form der Gesetze, Bd. I, 1958, S. 76 ff. und neuerdings noch *G. Roellecke*, Der Begriff des positiven Gesetzes und das Grundgesetz, 1969, S. 162 f. Aus dem älteren Schrifttum *Laband*, Staatsrecht, Vierter Band, 4. Aufl. (1901), S. 546 ff.; *G. Anschütz*, Kritische Studien zur Lehre vom Rechtssatz und formellen Gesetz, 2. Aufl. 1913, S. 20 f., 42 ff., 57 ff., 72 ff.; *E. R. Bierling*, Juristische Prinzipienlehre, 2. Bd., 1898, S. 191 ff.; *F. Sander*, Rechtsdogmatik oder Theorie der Rechtserfahrung?, 1921, S. 14 f.; *A. Merkl*, Die Lehre von der Rechtskraft, 1923, S. 189 ff.; *H. Kelsen*, Hauptprobleme der Staatsrechtslehre, 2. erw. Aufl. 1923, S. 540 ff., bes. S. 545 ff.; *A. Dyroff*, Diskussionsbeitrag, in: VVDStRL, Heft 4 (1928), S. 196 ff.

sung der rechtsinterpretativen Aufgaben in erster Linie von der Entwicklung einer formalen begrifflichen Dogmatik, und auch er versteht sie im Prinzip als identisch mit logischer Analyse, d. h. die eigentlich juristische Aufgabe fällt erst mit der Zurückführung der dem Gesetz zugrundeliegenden Begriffe auf ihre logischen Verknüpfungen und Elemente zusammen. Operiert wird mit Definitionen, an denen weniger entscheidend ist, was sie ein- als ausschließen, mit antithetischen Begriffsbildungen und dem Mittel des Gegenschlusses. Der Unterschied zum zeitgenössischen Positivismus liegt auch nicht darin, daß die Begriffe stärker die soziale Ambiance der staatlichen Institutionen berücksichtigen würden[27]. Er liegt vielmehr einmal in der größeren Bedachtheit auf ihre möglichste Kongruenz mit dem positiven Rechtsstoff, in der größeren Umsicht, mit der die Begriffe am Verfassungstext erarbeitet sind, den Sprachgebrauch berücksichtigen und die verfassungsstaatlichen Gedanken in ihrer geschichtlichen Gewordenheit fixieren. Und er liegt weiter darin, daß Hänel die Einbettung aller staatlichen Erscheinungen ins Recht weit ernster nimmt als seine Zeitgenossen. Durch beides erlangen die Verfassungsbestimmungen mehr politische Farbe und größere rechtliche Wirkungskraft. Die Begriffe bewähren einen anderen Charakter als bei Laband, nicht den von beliebig fungiblen, in ihrem Umfang überdehnter, angeblich logisch zwingender Gattungsbegriffe, die die Besonderheiten der öffentlich-rechtlichen Verhältnisse hindurchfallen lassen, sondern von Begriffen, die es mit denen der großen Pandektistik gemeinsam haben, daß sie die Ergebnisse gründlichster materieller Forschung und einer philosophisch untermauerten Rechtslehre sind.

Wie die herrschende Gesetzeslehre, baut auch Hänel seine Argumentation auf dem Begriff des Rechtssatzes auf. Aber er bestimmt diesen Kernbegriff so umfassend, daß damit jede „unnatürliche" Einengung des Rechtssystems ausgeschlossen bleibt. Das Gesetz wird, ohne daß sich freilich diese Tendenz offen aussprechen würde, die vielmehr durch die Definition des Gesetzesbegriffs vom Rechtssatzbegriff her eher verdeckt wird, in den Zusammenhang der verwandten Rechtserscheinungen eingegliedert und erscheint zugleich nach allen Seiten hin als der eigentliche Rocher de bronze in der gesamten rechtlichen Ordnung; weiter wird auf der erweiterten Rechtsbasis eine konsequent rechtsstaatliche Theorie der Verwaltung entwickelt, die im Gegensatz zur herrschenden Doktrin, die die Verwaltung nur im Ausmaß ihrer sog. Außenbeziehungen als rechtlich durchformt betrachtet, die notwendige rechtliche Determination aller ihrer Akte nachweist, bei gleichzeitigem Festhalten ihres freien, aber gebundenen Entscheidungselements. Hänel antizipiert damit in wesentlichen Punkten die späteren Entwicklungen zu einer einheitlichen

---

[27] Weshalb *Böckenförde*, S. 296, zu Recht betont, daß Hänel als kein später Vertreter der „sach- und zweckbezogenen Methode" angesehen werden kann.

Theorie der Rechtserscheinungen. Die wissenschaftliche Kritik hat allerdings dieses Verdienst seiner Untersuchungen in der Regel übersehen. Da es sich hier mehr um Implikationen aus seinen Gedankengängen als um ihre explizite Hauptlinie handelt, ist dies freilich auch nicht verwunderlich. Erst *Adolf Merkl* hat 1923 dieses Verdienst um so schärfer ins Licht gerückt. Er würdigt Hänel als den „bisher unerkannten Begründer der Lehre von der Rechtsunterworfenheit des Gesetzgebers" und sieht seine verdienstlichste Neuerung darin, daß seine Gesetzestheorie zugleich eine Verwaltungstheorie einschließt, die zur Lösung der mit der Erkenntnis der Verwaltung als Rechtserscheinung aufgegebenen Probleme „die in der ganzen bisherigen Literatur wertvollsten Richtlinien" beitragen würde[28]. Dementsprechend zögert Merkl auch nicht, Hänels Studie für die Untersuchung des Verhältnisses zwischen Gesetz und Verwaltung eine ähnlich grundlegende Bedeutung zu bescheinigen wie *Bülows* bekannter Wiederentdeckung des Richterrechts für die Klärung des Verhältnisses zwischen Gesetz und Gesetzesanwendung. Überflüssig zu sagen, daß der scharfsinnige Mitstreiter *Kelsens* im Kampf um eine reine Rechtswissenschaft auch Kelsens Identifizierung von Staat und Recht schon als eine notwendige, nur nicht gezogene Konsequenz in Hänels Auffassung angelegt sieht. Was indessen aus Hänels Untersuchung an Einsichten hervorgeholt werden kann, die auf eine einheitliche Theorie der Rechtserscheinungen vorverweisen, sind mehr im Vorbeigehen abfallende Einsichten, die nicht bewußt dem Erreichen des Ziels einer solchen Theorie vorarbeiten, ja ihm selbst in ihrer Tragweite nicht völlig klar geworden sind. Seine Untersuchungsperspektive ist noch völlig die der gesetzespositivistischen Rechtswissenschaft des 19. Jhs., d. h. der Bearbeitung des gesetzten Rechts für praktische Zwecke. Ihn beherrscht nicht abstrakt-logischer Systemwille, sondern der „Wille zur Wirklichkeit". Und dementsprechend weicht er auch, wie wir gleich zeigen werden, mindestens an einer entscheidenden Stelle von der inneren Konsequenz seiner rechtstheoretischen Gedanken ab.

Hänels Bestimmung des Rechtssatzes, des kleinsten Teils und logisch notwendigen Bauelements jeder Rechtsordnung, ist denkbar einfach: Er versteht darunter jede Setzung des „objektiven" Rechts, dazu bestimmt, „an einem vorausgesetzten Tatbestand subjektive Rechte und Pflichten zu begründen oder mit gewissen Tatbeständen gewisse Rechte und Pflichten zu verbinden"[29]. Den damit ausgesprochenen Gegensatz zwischen „objektivem" und „subjektivem" Recht nennt Hänel gelegentlich „den fundamentalsten Unterschied, den das Recht aufweist": „Objektives Recht und das, Rechte wie Pflichten befassende, subjektive Recht bilden

---

[28] a.a.O., S. 189, 193.
[29] Studien zum Deutschen Staatsrecht, Zweiter Band, Heft 2, Das Gesetz im formellen und materiellen Sinne, Leipzig 1888, S. 122.

die beiden Seiten des Rechtes schlechthin; ... und zwar stehen diese beiden Seiten in dem Verhältnis von Regel zum Geregelten, von Maßstab zum Gemessenen, von Richtschnur zum Gerichteten[30]." Logisch ausschließender Gegensatz ist Hänel zufolge nur dieser „das unerläßliche Ordnungsprinzip alles menschlichen Wollens und Handelns"[31] ausdrückende Grundgegensatz zwischen „objektivem" und „subjektivem" Recht, zwischen Regel und Geregeltem, zwischen „regulativen" und „ausführenden Willensbestimmungen", und dieser Gegensatz tritt nun „auch im staatlichen Wollen und Handeln im Unterschiede der Gesetzgebung und Vollziehung (vollziehende Verwaltung) hervor". Aber der ausschließende Gegensatz ist tatsächlich doch nur vermeintlich, indem auch Hänel nicht daran vorbeisehen kann, daß er jederzeit insofern zu einem relativen werden kann, als „jede vorhergehende Willensbestimmung als regulativ für die folgende und als ausführend für die vorhergehende angesehen werden (kann)"[32]. Nimmt man dies als seine eigentliche Prämisse, so kann in der Tat der Gegensatz zwischen objektivem und subjektivem Recht nicht als ein ausschließender aufrechterhalten werden, sondern es muß davon ausgegangen werden, daß die Erscheinungsform des subjektiven Rechts, sofern dann überhaupt noch subjektives und objektives Recht trennscharf auseinandergehalten werden können, zugleich mit der Erscheinungsform des objektiven Rechts identisch sein kann[33]. Es ist indessen für seinen praktischen Gesetzespositivismus bezeichnend, daß er gerade diese Konsequenz eben nicht oder jedenfalls nicht in ihrer Tragweite zieht. An keiner Stelle wird dies deutlicher als dort, wo er den Begriff des objektiven Rechts auf Gesetze und gesetzesvertretende Verordnungen beschränkt. Innerhalb der Verwaltungsverordnungen, die von ihm wenig glücklich als „Generalverfügungen" bezeichnet werden, unterscheidet er solche Vorschriften, die für die nachgeordneten Organe kompetenzbegründend, bzw. kompetenzbegrenzend sind, und solche Vorschriften, die im Gegensatz dazu keine andere Absicht haben als die, die für ein Organ „rechtlich begründete Kompetenz als *subjektives Recht* auszuüben und den nachgeordneten Behörden oder Beamten das Verhalten vorzuschreiben, durch welches sie die ihnen kompetenzmäßig obliegenden Gehorsamspflichten gegenüber dem Inhaber der Dienstgewalt zu erfüllen haben"[34]. Bezeichnenderweise besitzen nun aber in seinen Augen nur

---

[30] Ebd., S. 135, 121.
[31] Ebd., S. 193.
[32] Ebd., S. 197. Daraus wird die verfassungsstaatlich ausschlaggebende Konsequenz gezogen: „Diese Relativität der Begriffe ist es, die in jedem konkreten Staatswesen die Abgrenzung der Gesetzgebung von der Vollziehung dem positiven Recht anheimstellt" (S. 198). Und weiter: „Die regulativen Befugnisse der vollziehenden Verwaltung können immer nur auf Delegation der Gesetzgebung oder ihr gleichwertiger Rechtssätze beruhen" (S. 199).
[33] Dies ist auch der Hauptpunkt in *Merkls* Darstellung von Hänels Rechtstheorie.
[34] Studien, S. 238.

die ersteren die Qualität von objektivem Recht. Von seinem umfassenden Rechtssatzbegriff aus besteht zu einer solchen einseitigen Qualifizierung nicht die mindeste Veranlassung. Auch die Anordnungen ersterer Art können an einen vorausgesetzten Tatbestand Rechte und Pflichten knüpfen[35], sind vollgültige Normen im Sinne seiner Definition als Bestandteile des objektiven Rechts. Daß etwas in Ausübung eines subjektiven Rechts getan wird, schließt es ja nicht aus, daß es selbst wieder objektives Recht konstituiert. Seine Argumentation legt selbst diesen Einwand nahe, und dies macht am augenfälligsten deutlich, daß sie in der Tat in der Grundlinie, wenn auch ihr unbewußt, auf die volle Anerkennung der Gleichartigkeit in den rechtlichen Erscheinungen zielt[36].

Wie gesagt, sind auch dem zeitgenössischen Positivismus diese Konsequenzen aus Hänels Gedankengängen, die auf eine einheitliche Theorie der Rechtserscheinungen hinstreben, in der Regel entgangen. In seiner Antikritik wandte sich dieser vornehmlich gegen Hänels scharfsinnigen Widerlegungsversuch der Zweiteilung des Gesetzesbegriffs, auch für ihn eindeutig das Kernstück seiner Untersuchung. Nach dieser Zweiteilung können bekanntlich Gesetze auch einen Nichtrechtssatz zum Inhalt haben; in diesem Fall liegt nach der seit *Laband* in der Staatsrechtslehre herrschend gewordenen Terminologie zwar ebenfalls ein Gesetz vor, aber lediglich ein „formelles" im Unterschied zu einem „materiellen". Kein Autor zuvor und danach hat ausführlicher als Hänel diese Zweiteilung als terminologisch künstlich, theoretisch widerspruchsvoll, nach der Rechtslage unbegründet und verwirrend und nach den politischen Konsequenzen kryptoabsolutistisch bekämpft[37]. Sie basiert in seinen Augen auf der willkürlichen Einengung des theoretisch einzig haltbaren umfassenden Rechtssatzbegriffs, verstanden als jede Setzung von objektivem Recht. Dem ohne Nötigung durch das positive Recht verengten, ver-

---

[35] Darauf insistiert auch richtig *Anschütz* in seiner Jugendschrift, nur daß er dabei, zwar konsequent im Sinne der Zweiteilungslehre, aber völlig inkonsequent angesichts dieser seiner Qualifizierung auch der internen Verwaltungsanordnungen, gegen Hänel das Bedenken vorbringt, daß er den Rechtssatzbegriff zu *weit* fassen würde (a.a.O., S. 21), wo gefragt werden müßte, ob nicht selbst noch Hänel den Rechtssatzbegriff zu eng faßt. So richtig gegen Anschütz *Merkl*, S. 205 Anm. 1.
[36] Zu Hänels Zurückweichen vor dieser in seiner Argumentation angelegten Konsequenz auch *Bierling*, S. 192 Anm. 6.
[37] Zu zeitgenössischen weiteren Gegnern der Zweiteilungslehre *(von Martitz, Zorn, von Sarwey)* vor allem die Darstellung bei *Böckenförde*. Der wichtigste spätere Angriff auf die Zweiteilungslehre ist noch immer *Hermann Hellers* Referat über „Der Begriff des Gesetzes in der Reichsverfassung" (VVDStRL, Heft 4, 1928), das in allen wesentlichen Punkten Hänels Kritik erneuert. Das von *Wolfgang Schluchter* (Entscheidung für den sozialen Rechtsstaat. Hermann Heller und die staatstheoretische Diskussion in der Weimarer Republik, 1968) entworfene Bild von Hellers Staats- und Rechtstheorie wäre in mancher Hinsicht, namentlich was Hellers Unterscheidung von Rechtssätzen und Rechtsgrundsätzen anbelangt, anders ausgefallen, wenn er diese wichtigste staatsrechtliche Arbeit Hellers berücksichtigt hätte.

fassungsstaatlich unvollständigen Rechtsbegriff des herrschenden Positivismus — nach der bekanntesten und einflußreichsten Formulierung, der von *Georg Jellinek*[38], Anordnungen mit dem Zweck der „sozialen Schrankenziehung" — wird ein umfassenderer Rechtsbegriff entgegengestellt, der die Rechtsfunktion und damit zugleich die des Staates als „Abgrenzung und Zusammenordnung gesellschaftlich wirksamer Willenskräfte" definiert[39]. Auf der Grundlage dieses Rechtsbegriffs setzt Hänel der Hauptthese seiner Gegner, daß das Gesetz auch einen Nichtrechtssatzinhalt einschließen könnte, diametral die Behauptung entgegen, daß die Form des Gesetzes nur „den Rechtssatz zu dem ihr notwendigen Inhalt" haben könnte.

Das Entscheidende an seiner Argumentation liegt dabei darin, daß er es vermeidet, wie die Vertreter der Zweiteilungslehre die staatlichen Willensäußerungen unter Absehung von ihrem Ursprung und vom verfassungsstaatlich intendierten Aufbau rein nach logischen Kriterien zu differenzieren. Vielmehr liegt seiner Argumentation die Auffassung zugrunde, daß es in der Funktion der Gesetzgebung notwendig beschlossen liegt, daß sie jedem Stoff, den sie ergreift, überhaupt gar keinen anderen Inhalt geben könnte als den von Rechtssätzen, von objektivrechtlichen Verpflichtungen und Ermächtigungen[40]. Dieser Kern seiner Argumentation, die Nichttrennung von Funktion und Befugnis im Gesetzesbegriff[41], macht am klarsten deutlich, daß er einerseits die schärfere Logik anwendet als seine Gegner und andererseits nicht wie diese die grundlegenden staatlichen Zuständigkeitsfragen mit einer abstrakten scheinlogischen Formel entscheidet, sondern unter direkter Bezugnahme auf das positivrechtlich Angeordnete und die Stellung der Gesetzgebung als des souveränen konstitutionellen Verfassungsorgans[42]. Lediglich den „fundamentalsten Unterschied" im Recht, den zwischen objektivem und subjektivem Recht, Regel und Geregeltem, regulativen und ausführenden Willensbestimmungen, läßt Hänel als zwingendes Differenzierungsprinzip zu. Aus ihm aber ergibt sich, daß die Schaffung von Rechtssätzen immer und notwendig die vor- und übergeordnete Tätigkeit im Staate ist. Im Verfassungsstaat ist sie von Rechts wegen der Gesetzgebung vorbehalten, die wegen ihres objektiven Unvermögens, sich selbst subjektive Rechte und Pflichten zuzuschreiben und selbst Ausführungshandlungen vorzunehmen, auch überhaupt keine andere Möglichkeit hat als die Schaffung von Rechtssätzen für andere. Dementsprechend sind eben

---

[38] Vgl. besonders Gesetz und Verordnung, 1887, S. 240.
[39] Studien, S. 221. Von jüngeren Autoren hat sich *H. Triepel*, worauf *H. Krüger* (Rechtsverordnung und Verwaltungsanweisung, in: Rechtsprobleme in Staat und Kirche, Festschr. f. Smend, 1952, S. 214 Anm. 8) hinweist, Hänels Rechtsbegriff angeschlossen. Vgl. Reichsaufsicht, 1917, S. 126, 585.
[40] Vgl. Studien, S. 148 ff., 179 f., 185.
[41] Wie es *Roellecke*, S. 162, umschreibt.
[42] Vgl. dazu vor allem die Belegstellen oben in Anm. 32.

Nichtrechtssätze in Gesetzesform unmöglich, freilich umgekehrt Rechtssätze in Verordnungsform durchaus möglich, und zwar im Verfassungsstaat so weit, wie das Gesetz selbst seine Vertretung in seiner Funktion der Schaffung von objektivem Recht anordnet oder stillschweigend erlaubt.

Schon an der Anlage von Hänels Untersuchung wird deutlich, daß sie trotz der logischen und rechtstheoretischen Vertiefung der Probleme völlig im Rahmen der für das 19. Jh. typischen induktiven Untersuchungen verbleibt. Hänel begnügt sich nicht mit der apodiktischen Widerlegung der gegnerischen Thesen, und hätte sich darauf bei der praktischen Bedeutung, die von seinen Gegnern bei der Konstruktion ihres doppelten Gesetzesbegriffs dem sog. unverbindlichen Gesetzesinhalt zugeschrieben wurde, auch schwerlich beschränken können. So werden die gegnerischen Thesen auf breiter Linie auch induktiv widerlegt. Dies geschieht so, daß er jeden einzelnen von seinen Gegnern behaupteten Fall eines nichtrechtssatzmäßigen Inhalts von Gesetzen sich gesondert vornimmt und für jeden dieser Fälle die Unbegründetheit der Annahme eines solchen Inhalts nachzuweisen versucht. So wird die Behauptung, daß der Nichtrechtssatzinhalt in einem Verwaltungsakt bestehen könnte, damit widerlegt, daß das Gesetz immer nur die Kompetenz zur Vornahme des in Rede stehenden Verwaltungsaktes, die dazu erforderlichen Ermächtigungen oder Verpflichtungen klarstellen könnte, also nur die Schaffung oder Konkretisierung von objektivem Recht bezwecken könnte. Ähnlich geht Hänel gegenüber der Behauptung vor, daß das Gesetz ein Rechtsurteil beinhalten könnte, ein Rechtsgeschäft usw. Vor allem zeigt er mit großer Umsicht, daß ein Gesetzgeber in aller Regel „nicht in allen Sätzen seiner Darstellung imperativisch sprechen kann", sondern definieren, systematisieren, generalisieren und vor allem deduzieren muß[43] — ein Glanzstück seiner Analyse, das wesentliche Anregungen für eine bis heute ausstehende Theorie der gesetzgeberischen Tätigkeit enthält. Das verfassungsstaatlich wichtigste Ergebnis ist, daß er konsequent auch alle „innerstaatlichen" Normen als vollwertige Rechtsvorschriften interpretiert. Ihre politische Tragweite enthüllt diese Interpretation bei der Erörterung des Budgetgesetzes, des politischen Ausgangspunkts der Zweiteilungslehre, das Hänel in voller Absicht erst am Ende seiner Studie behandelt. Seine These, daß die herrschende Behandlung des Budgetgesetzes als bloß formelles Gesetz darauf hinauslaufen würde, „das in Geltung befindliche Grundverhältnis zwischen Verfassung und Gesetz als fehlerhaft und irrtümlich auf(zu)kündigen"[44], zeigt dabei nochmals in aller wünschenswerten Deutlichkeit, daß sein Angriff sowohl politisch moti-

---

[43] Vgl. Studien, S. 163 ff.
[44] Ebd., S. 351.

viert ist[45] wie er eine größere positivrechtliche Genauigkeit in der Verfassungsauslegung bezweckt. Die staatsrechtliche Argumentation verzichtet nicht auf die ihr gemäße kritische Aufgabe, sie findet sich mit keinen rechtsfreien Zonen im Verfassungsstaat ab. Klar wird die Gegenposition zur juristischen Denaturierung der bürgerlich-liberalen Forderung nach dem Gesetzesvorbehalt im herrschenden Positivismus bezogen, der dadurch, daß er die Verwirklichung dieses Anliegens auf den sog. Außenbereich der staatlichen Willenstätigkeit, auf den Bereich der Relation Staat — Bürger einschränkt, die Zielrichtung dieses Anliegens zu einer neuen Konsolidierung der monarchisch-exekutivischen Machtsphäre verbiegt. Demgegenüber verweist Hänels Studie wie seine acht Jahre ältere auf die einzig konsequente Einlösung dieses Anliegens: durch die Weiterentwicklung des konstitutionellen zum parlamentarischen Verfassungssystem.

Zu der Konsequenz, es schlechterdings als unmöglich auszuschließen, daß ein Gesetz auch einmal einen nichtnormativen Inhalt haben könnte, hat sich allerdings auch Hänel nicht verstehen können, sondern in diesem Punkt, den ihm begreiflicherweise die Zweiteilungstheoretiker in ihren Repliken selbstsicher vorgehalten haben, den Standpunkt eingenommen, daß diese Tatsache keinen Grund abgeben könnte, auf sie die wissenschaftlichen Kategorien zuzuschneidern und wider den Regeln der Logik den Gesetzesinhalt unter „zwei sich schneidende Oberbegriffe" zu bringen. Auch der Gesetzgeber könnte „die Form des Gesetzes vermischen und verbinden mit allem, was überhaupt der sprachlichen Darstellung fähig" wäre, aber in diesem Falle wäre „Gesetz" nur der Name für ein beliebiges „sprachliches und schriftliches Dokument"[46]. Die von ihm in allen Teilen seiner Polemik konsequent durchgehaltene Begründung eines einheitlichen Gesetzesbegriffs hat somit zum Preis die theoretische Ignorierung eines in der Praxis sich aufdrängenden Pièce de resistance[47]. Allerdings ist es wohl nicht nur dieser Ignorierung zuzuschreiben, daß seine Polemik ebenso wie die spätere, geistesgeschichtlich weiter ausholende *Hermann Hellers* die Vertreter der Zweiteilungslehre so wenig beeindruckt hat. Eine größere Rolle spielte sicher, daß diese Lehre eine bequeme handliche Formel zur Absteckung des Vorbehaltsgebiets des Gesetzes lieferte, die der Staatsrechtslehre die Illusion suggerierte, daß sie grundlegende staatliche Aufbaufragen auch ohne eine materiale Staats-

---

[45] Was vor allem *Labands* Replik bestätigt, für den Hänels Lehre „die Forderung einer politischen Partei" enthält, „welche die Regierungsrechte nur nominell dem Monarchen belassen, in Wirklichkeit dagegen sie auf die Majorität der Volksvertretung übertragen will und zu diesem Zweck sich ein Budgetrecht eigenmächtig konstruiert und willkürlich erfindet" (a.a.O., S. 552 f.). Nirgendwo wird von Laband die monarchisch-konservative Funktion seines Staatsrechts wohl ungenierter ausgesprochen als hier.
[46] Studien, S. 159 ff., bes. S. 169 ff.
[47] Der Ausdruck bei *Kopp*, a.a.O., S. 81.

und Verfassungstheorie und ohne das Risiko entscheiden könnte, dabei einen Konflikt mit den staatlichen Machthabern zu provozieren.

2. Deutsches Staatsrecht

Hänels Staatsrecht ist bei seinem Erscheinen unverkennbar zurückhaltend aufgenommen worden. Die wenigen Besprechungen sind zwar im Tenor respektvoll und anerkennend, verhehlen aber nicht zwischen den Zeilen ihre Enttäuschung über das Zurückbleiben des großen Wurfes hinter den Erwartungen, zu denen man sich aufgrund der vorausgegangenen Studien berechtigt glaubte. In der Tat ist der große Torso auch nicht frei von Unausgeglichenheiten und macht nicht nur insofern einen unvollendeten Eindruck, als er über den ersten stofflich förmlich überquellenden Band nicht hinausgelangte. Die ausgiebige Grundlegung behandelt manche nebensächlichen Punkte zu breit, während wichtigere nur verhältnismäßig kurz erledigt werden; die Darstellung ist oft blässer als in den Studien und bringt die am Anfang stehenden grundlegenden Thesen zu wenig in den späteren positivrechtlichen Untersuchungen zum Tragen; auch die Terminologie ist nicht immer glücklich und dem Verständnis dienlich, z. B. wenn der staatsrechtliche Status Elsaß-Lothringens und der Kolonien als „konsolidierte Reichsgewalt" charakterisiert wird; hinter der Genauigkeit und besonders der historischen Eindringlichkeit der Untersuchung bleibt ihr systematisches Vermögen offensichtlich zurück. Da von Hänels wissenschaftlichem Nachlaß nichts mehr erhalten ist, wissen wir auch nicht, wie er sich die Fortsetzung seines Staatsrechts dachte und ob er eine solche, zu welcher die wenigen Besprechungen in ihrem zurückhaltenden Ton nicht gerade ermunterten, überhaupt noch in Angriff genommen hat. Auch aus dem Text des ersten Bandes geht dazu nichts hervor. Hänel gibt zwar zu Ende des ersten Buches, das die Grundlagen des deutschen Staates behandelt, eine Skizze über die „systematische Gliederung des deutschen Staatsrechts", die vier Teile unterscheidet, nämlich Kompetenz des Reiches oder Reichsgewalt, Verfassung des deutschen Staates in der zweigliedrigen Gestaltung des Reiches und der Einzelstaaten, Regierung des deutschen Staates sowohl als Gesetzgebung wie Vollziehung und schließlich Verwaltung desselben; verläßliche Rückschlüsse erlaubt aber auch diese Skizze nicht. Es geht dies schon daraus hervor, daß das den ersten Band abschließende II. Buch über „Die Reichsgewalt" z. B. auch das Indigenat und damit auch Verfassungs- und Organisationsfragen behandelt, so daß also nicht davon ausgegangen werden kann, daß der ausgearbeitete Band bloß ein Viertel des in dieser Skizze angedeuteten Stoffes enthält.

Der bedeutendste Unterschied zu den zeitgenössischen Lehrbüchern liegt in der weit ausholenden Grundlegung, in den eindringlichen, auf den obligaten Abschnitt über die Entstehung der Reichsverfassung folgenden Darlegungen über die staatsrechtlichen Grundverhältnisse und die hier versuchte Klarstellung des Wesens des Staates als korporativer Verband. Die positivistische Kritik hat bezeichnenderweise gerade mit diesem Teil, dem Hauptinhalt des ersten Buches, am wenigsten anzufangen vermögen; sie beanstandete ihn als zu philosophisch, als Fremdkörper in der staatsrechtlichen Darstellung und stellte die Frage, ob seine Überlegungen nicht besser vollständig von der letzteren zu trennen wären[48]. Eher gerecht wird ihm ein neuerer dogmengeschichtlicher Versuch über das Staatszweckproblem, wenn er in ihm der Sache nach das alte „allgemeine" Staatsrecht erhalten sieht[49]. Allerdings sieht auch diese Kennzeichnung an der Funktion dieses Teiles im Ganzen des Hänelschen Werkes vorbei. Denn auch Hänel hat die von der politischen Entwicklung getroffene Entscheidung gegen einen allgemeinen vorpositiven Teil des Staatsrechts vorbehaltlos angenommen, auch für ihn ist ein solcher Teil mit dem Sieg der politischen über die Kulturnation und dem neuen Verhältnis zum Gesetzgeber unwiderruflich entfallen. So dienen bei ihm die Ausführungen über die staatsrechtlichen Grundverhältnisse auch weder der Präjudizierung einzelner rechtsinterpretativer Ergebnisse noch der Entscheidung dogmatischer Vorfragen oder gar einer Umformung der rechtsbegrifflichen Dogmatik derart, daß sie nicht mehr nur die äußere Form der sozialen Lebensverhältnisse erfaßt[50]. Der Versuch, den Staat erschöpfend durch alle die Merkmale zu charakterisieren, die seinen spezifischen und einmaligen „Kulturberuf" ausmachen, liegt vielmehr primär auf der Ebene stilisierender Vorformung des Stoffes, ohne die keine dogmatischen und damit auch keine rechtlichen Antworten möglich sind.

Von hier aus ist auch die teils heftige Polemik gegen die staatliche Persönlichkeitskonstruktion zu verstehen. Hänel hat die scharfkantige Stilisierung des Staates zur Rechtsperson nicht nur deshalb bekämpft, weil damit lediglich *eines* der für den Staat charakteristischen Merkmale herausgehoben würde, das gerade nichts über seine innere Natur, sein „soziales Substrat" aussagen würde[51], es sich also hier um einen deduktiven Schluß aus unvollständigen Prämissen handelt, sondern auch aus konkreten topischen Gründen und wegen des mit dem positiven Verfassungsrecht nicht zu vereinbarenden absolutistischen Grundzugs dieser Stilisierung: Er attestiert ihr, bei aller Anerkennung ihres unentbehrlichen praktischen Nutzens, höchst bezeichnend eine Verdunkelung der

---

[48] So *Ph. Zorn*, Die Entwicklung der Staatsrechts-Wissenschaft seit 1866, in: JböR, Bd. I (1907), S. 74.
[49] *Hespe*, a.a.O., S. 57.
[50] Zu dieser Grenze der Dogmatik bei Hänel auch *Böckenförde*, Gesetz und gesetzgebende Gewalt, S. 296.
[51] Vgl. Deutsches Staatsrecht, Erster Band: Die Grundlagen des deutschen Staates und die Reichsgewalt, 1892, S. 99 ff.

rechtlichen und sittlichen Verantwortlichkeitsverhältnisse[52], weil dabei die staatsrechtlichen Verhältnisse nicht auch als Verhältnisse zusammenwirkender menschlicher Willen begreiflich gemacht würden. Es kann hier dahinstehen, wieweit diese Kritik von einem zu vereinfachten substanzialisierten Bild von der Persönlichkeitskonstruktion des Staates ausgeht; jedenfalls macht sie deutlich, wie sehr Hänel mit seinem Versuch, den Staat von seinem Verbandscharakter und der Tatsache her anzugehen, daß er allein in der Lage ist, die Ordnung im Prinzip aller sozialen Lebenszwecke sich zur Aufgabe zu machen, im Sinne eines strengeren verfassungsstaatlichen Denkens auf die ausnahmslose Auffassung aller im Staat bestehenden verfassungsrechtlich relevanten Verhältnisse als korrelativer Rechtsverhältnisse zwischen Berechtigten und Verpflichteten zielt. Die Konsequenz daraus, die staatsrechtliche Dogmatik von einer anderen Grundlage aus als der von *Gerber* verbindlich gemachten zu entwickeln, hat er allerdings, in Einklang mit dem topischen Charakter seiner Überlegungen, nicht gezogen, und insofern hat die positivistische Kritik innerhalb ihres begrenzten Verständnisses nicht ganz unrecht, wenn sie seine weit ausholende Grundlegung als leerlaufend und ohne organische Verbindung mit den positivrechtlichen Untersuchungen beanstandet. Die eingehend entwickelte korporative Staatslehre verweist sowohl zurück auf ältere altliberale Gedanken, wie sie wichtige gedankliche Perspektiven einer modernen „dynamischen" Staatstheorie antizipiert. So finden sich bei Hänel in klarer Weise schon wesentliche Elemente der für *Hermann Hellers* „wirklichkeitswissenschaftliche" Staatslehre grundlegenden Bestimmung des Staates als gebietsuniversaler Organisation mit der Wirkung einer gesellschaftlichen Gesamtleistung vorweggenommen, deren Kennzeichen auch für Hänel in der Zusammenordnung menschlicher Handlungen durch leitende Organe und in der rechtlich und institutionell gesicherten Einwirkung der Verbandsmitglieder auf diese Organe besteht[53]. Und ebenso liegt in der scharfen, für die Systematik seiner Darstellung grundlegenden Scheidung der staatlichen Aufgaben einerseits in solche der Staatspflege, wie sie rein in der Erhaltung und Fortbildung des staatlichen Daseins ihr Objekt haben, und andererseits in solche der Rechts- und Wohlfahrtspflege schon die spezifische Sichtweise der Integrationslehre bei all deren Absetzung von jeder Staatsteleologie gerade in der Art seiner Grundlegung vorgezeichnet: die Abhebung einer außer sich selbst „objektlosen", am „Integrationswert"

---

[52] Ebd., S. 101. Diesen Einwand gegen die staatliche Persönlichkeitskonstruktion berücksichtigt die neueste beachtlichste Kritik am Persönlichkeitsdogma von *U. Scheuner* leider nicht: Das Wesen des Staates und der Begriff des Politischen in der neueren Staatslehre, in: Staatsverfassung und Kirchenordnung, Festgabe f. Rudolf Smend, 1962, S. 225 ff., bes. S. 234. Verständnislos in dieser Hinsicht auch der rein sammelnd-dogmengeschichtliche Versuch von *U. Häfelin*, Die Rechtspersönlichkeit des Staates, 1959.
[53] Vgl. besonders S. 76, 96 ff.

orientierten Wirksamkeit des Staates von jenen seinen anderen, aber für sein Wesen nicht konstitutiven Aktivitäten, mit denen er der Verwirklichung des „Rechts"- und „Verwaltungswerts" dient.

In seiner Zeit ist Hänels Hauptwerk mit diesen staatstheoretischen Gedanken allerdings kaum wirksam geworden[54], weit eher hat es dagegen in der umsichtigen Art seiner Behandlung der positivrechtlichen Fragen auf die Nachfolger gewirkt. Die Darstellung der Reichskompetenzen ist bis heute die umfassendste und gründlichste Darstellung der Kompetenzverteilung in der Bismarck-Verfassung und ihrer geschichtlichen Entwicklung, die das Verdienst hat, daß sie eine große Zahl von Problemen überhaupt erstmals ausführlicher und tiefschürfend untersucht. So besonders die mit der Reichsaufsicht zusammenhängenden Fragen, bei deren Behandlung Hänel als erster klar die Auffassung zur Geltung gebracht hat, daß es unzulässig sei, den Begriff der Beaufsichtigung so eng zu interpretieren, daß sich die gesetzliche Zuständigkeit einer großen Zahl von Reichsbehörden geradezu als verfassungswidrig darstellt, und weiter die mit dem Verordnungsrecht zusammenhängenden Fragen, deren Arten sorgfältig systematisiert werden, wie dies z. T. schon in der zweiten und dritten Studie geschieht. Einzelne Abschnitte wie die genaue Klärung des Verhältnisses der Landesgesetzgebung zur Reichsgesetzgebung, insbesondere der Fälle der Inbeziehungsetzung der ersteren zu sich durch die letztere, haben bei aller Änderung der Verfassungslage auch heute noch unmittelbar klärenden Wert. Die Gründlichkeit der Darstellung verdankt sich denselben wissenschaftlichen Tugenden wie in den literarisch glänzenderen Studien. Da ist die akribische Sorgfalt, mit der die Ausweitungen der Reichskompetenz über die in der Verfassung vorgezeichneten Linien hinaus verfolgt werden, also die eingehende Heranziehung der reichen Gesetzgebung und Verordnungsgebung, auf die nicht nur beiläufig in einigen Fußnoten hingewiesen wird, sondern die genau daraufhin überprüft werden, wo bisher der vom Gesetzgeber ausgeformte Inhalt einer Kompetenz hinter der Kompetenzermächtigung zurückgeblieben ist und wo demgegenüber die gesetzgeberische Entwicklung die ursprüngliche Kompetenz erweiterte und über die offenbaren engeren Absichten der Verfassungsbestimmungen sich hinwegsetzte, also damit auch die Grenzen einer eingeschränkteren Begriffsbestimmung, die an sich die Verfassungsvorschriften nahelegen, durchbrochen wurden. Da ist weiter die Gründlichkeit, mit der die Kompetenzvorschriften, statt nur unmittelbar von der verfassungsrechtlichen Textfassung her angegangen zu werden, auch in ihrer allmählichen Entfaltung anhand der

---

[54] Mit Ausnahme allenfalls von *Bruno Schmidt,* Der Staat, 1896, der sich sowohl in seiner Auffassung des Staates als der allumfassenden sozialen Gemeinschaftsform wie der staatsrechtlichen Verhältnisse als wechselseitiger Rechtsverhältnisse eng an Hänels Ansatz anschließt.

älteren Verfassungspläne und -entwürfe vor 1866 verfolgt werden; auf diese Weise entsteht nicht nur ein weit anschaulicheres Bild vom Heranreifen der Rechtsgedanken der Verfassung seit der Paulskirchenverfassung als in jeder anderen zeitgenössischen Darstellung, sondern wird zugleich genauer der Rechtsgehalt der Verfassungsvorschriften geklärt. So wird zusätzlich zu der bei *Laband* fehlenden philosophischen Grundlegung in einem wichtigen Bereich auch die bei ihm fehlende rechtshistorische nachgeholt. Vor allem aber bekundet sich die bessere Bewahrung des wissenschaftlichen Erbes und zugleich eine neue, in ihrer Fruchtbarkeit für die Zukunft kaum zu unterschätzende Betrachtungsrichtung in den eingehenden Vergleichen mit den US-amerikanischen und schweizerischen bundesstaatlichen Institutionen und Verfassungssätzen, die nicht nur gelegentlich bei einzelnen Kompetenzbestimmungen angestellt werden, sondern sich auf den ganzen Kompetenzenplan des Reiches erstrecken. Mag auch sein, daß Hänel, wie ihm gelegentlich vorgehalten wurde[55], die leitmotivhafte Bedeutung des amerikanischen Bundesstaatsrechts für die Interpretation des deutschen Verfassungsrechts überschätzt hat, so hat er doch gerade damit aufs folgenreichste dessen Verständnis aus der besonders für Labands Darstellung kennzeichnenden Schablonisierung herausgeführt. Vor allem *Triepel* und *Erich Kaufmann* folgten ihm auf dieser neuen Linie; die rechtsvergleichende Untersuchung wurde zu einem selbstverständlichen Bestandteil der staatsrechtlichen Arbeit; auf diesem Wege sind neue Probleme wie vor allem die „ungeschriebenen" bundesstaatlichen Kompetenzen[56] geklärt worden, wurde ein vollständigeres und zuverlässigeres Bild von der Rechtsstruktur der Verfassung gewonnen.

Besonders das tiefere und richtigere Verständnis der verfassungsrechtlichen Probleme in jenen Arbeiten zum Bismarckschen Verfassungsrecht, die erst aus den letzten Jahren seiner Geltungsdauer stammen, ist ohne die gründliche Vorarbeit nicht denkbar, die von Hänel in seinen Studien und mehr noch in seinem Staatsrecht geleistet wurde. In diesen Arbeiten ist bewußter als bei ihm ein neuer Zugangsweg von einer Gesamtschau des Verfassungsrechts her angebahnt worden, der sich das Bismarcksche Verfassungsrecht dank seiner größeren Einheitlichkeit und Homogenität noch eher geöffnet hat als das von Weimar und Bonn. In diesen Arbeiten ist zwar gewiß noch nichts von den programmatischen

---

[55] So von *Ph. Zorn* in einem Zeitungsaufsatz über „Laband und Hänel", der sich im Hänel-Nachlaß, Kieler Juristisches Seminar, findet.

[56] Deren „Entdeckung" schon von *Triepels* großer Abhandlung (Die Kompetenzen des Bundesstaats und die geschriebene Verfassung) in der Laband-Festgabe zum 50. Jahrestage der Doktor-Promotion (1908) datiert und nicht erst von *Smends* bekannter Arbeit von 1916 (Ungeschriebenes Verfassungsrecht im monarchischen Bundesstaat), wie es der irrige Eindruck ist, den jetzt die Darstellung bei *Sebastian Schröcker* erweckt: Ungeschriebenes Verfassungsrecht im Bundesstaat, in: Der Staat, 5. Bd. (1966), S. 137, 315 ff.

Thesen vorweggenommen, die dann in den Zwanzigerjahren zur Scheide für neues und altes Denken wurden, aber in der Abklärung der besonderen Stoffeigentümlichkeiten des Verfassungsrechts ist doch von ihnen der Sache nach die Besinnung schon bis zur Einsicht in die Sonderstruktur des Verfassungsrechts als „politisches Recht" vorgetrieben worden, die dann den Angelpunkt bildete, von dem aus in den Zwanzigerjahren auch der grundsätzliche Angriff gegen die seitherigen engen methodischen Standpunkte vorgetragen wurde. Mehr als in den seit der Jahrhundertwende geführten Auseinandersetzungen um „Freirecht", „Interessenjurisprudenz", „Rechtssoziologie" und „richtiges Recht", von denen *Richard Thoma* gemeint hat[57], daß in ihnen in erster Linie die Wurzeln der wissenschaftlichen Erneuerungsbewegung der Zwanzigerjahre gesucht werden müßten, die aber tatsächlich vor 1918 kaum schon von der Staatsrechtswissenschaft bewußt aufgenommen und an der Offenheit ihres Gegenstandes bewährt wurden[58], liegt in diesen späten Arbeiten zum Bismarckschen Verfassungsrecht der Ausgangspunkt für die Erneuerung des erstarrten staatsrechtlichen Denkens, die dann in den Zwanzigerjahren die allgemeine geistige Entstauung in Verbindung mit dem Umbruch der politischen Ordnung und der Krise des bürgerlichen Parlamentsstaates auslöste. Die Berufung auf Hänels Werk hat dabei

---

[57] Einleitung zum Handb. d. Dt. Staatsrechts, hrsg. v. *Anschütz* und *Thoma*, Erster Band, 1930, S. 4 Anm. 9.

[58] Sondern allenfalls auf die individuelle Entwicklung einzelner staatsrechtlicher Autoren eingewirkt haben, besonders auf *Triepel* und *Carl Schmitt*. Vgl. zu ersterem *Hollerbach*, a.a.O., S. 431 f., zu letzterem H. Hofmann, Legitimität gegen Legalität. Der Weg der politischen Philosophie Carl Schmitts, 1964, S. 32 ff. — Ein Hauptmangel dieser mit Abstand bisher besten Monographie über Carl Schmitt ist es, daß sie, und dies bei ihrem Anspruch, eine Gesamtdarstellung der intellektuellen und politischen Entwicklungsgeschichte Carl Schmitts zu liefern, vollständig auf die Berücksichtigung von biographischen Materialien und persönlichen Aufzeichnungen Carl Schmitts, von denen dieser einen erheblichen Teil über die Zeitläufte hinweggerettet hat, verzichtet; noch unverständlicher aber bei der nicht rein zufällig-individuellen, sondern auch allgemein-paradigmatischen Bedeutung der Entwicklung Carl Schmitts, daß Hofmann, wie ich einer freundlichen Auskunft von Prof. Carl Schmitt, Plettenberg/Westfalen, entnehme, a limine auch nur die Einsichtnahme in solche Materialien als überflüssig ablehnte. Dem entspricht es, daß auch die an prägnanten Selbsteinschätzungen reichen Nachbemerkungen Carl Schmitts zu jenen seiner Arbeiten, die in der 1958 erschienenen Sammlung Verfassungsrechtliche Aufsätze aus den Jahren 1924 - 1954, Materialien zu einer Verfassungslehre, vereinigt sind, von Hofmann nur auffällig wenig berücksichtigt werden. Wie dies mit seiner interpretatorischen Schlüsselthese vereinbart werden kann, daß „der Versuch, Schmitts Werk ohne Berücksichtigung der sozialen und politischen Bezüge und ihrer Wandlungen als Einheit zu begreifen", „ein falsches Gesamtbild" schaffen würde und sich „(notwendig) im Aufweis zahlreicher Widersprüche von untergeordneter Bedeutung verliere" (S. 14), ist mir unbegreiflich. Eine diese Einseitigkeit hoffentlich berichtigende neue Arbeit über Carl Schmitt wird auf Anregung *Carlo Schmids* von *Ingeborg Maus*, z. Zt. Frankfurt, erwartet. Von ihr vorerst: Zur „Zäsur" von 1933 in der Theorie Carl Schmitts, in: Kritische Justiz, Jg. 1969, S. 113 ff.

allerdings im zwielichtigen Kampf gegen die älteren Positionen, der politisch nicht mehr wie der seine die parlamentarische Demokratisierung des Verfassungsstaates bezweckte, sondern eher die Eindämmung und Zurücknahme seiner demokratischen Elemente, kaum eine Rolle gespielt[59].

So bestätigt auch die ausgebliebene Spätwirkung die auch sonst nahegelegte Einschätzung dieses Werkes als eines Werkes des Übergangs, in dem sich die Grenzen der wissenschaftlichen Perioden verflüssigen und in dessen Lichte manche einseitige Entwicklung und die Reaktion darauf den Charakter der Zwangsläufigkeit verliert. Dieses Werk ist, so können wir zusammenfassen, im besten Sinne ein Stück des 19. Jhs., zwar das Werk eines Außenseiters, das aber den wissenschaftlichen Arbeitsstandard der Zeit eindrucksvoller verkörpert als das elegant-gefälligere Werk jener Zeitgenossen, die das Fach eher als seine Führer akzeptierte. Es ist von einer inhaltlichen Fülle, wie sie dem stoffgläubigen 19. Jh. noch möglich gewesen ist, das auch in seiner fin de siècle-Stimmung seine großen Probleme im ganzen doch sicher geregelt oder wenigstens auf den Weg dahin wähnte, und noch unbelastet von der skrupulösen Selbstreflexion der Späteren, für die der bürgerliche Verfassungsstaat seine problemlose Selbstverständlichkeit eingebüßt hatte. Aber der von der unmittelbaren Identität des Autors mit seinem Werk, vom schwachen Widerschein der sozialen Probleme in ihm und vom Zug zur Idealisierung des gesellschaftlichen Lebens nahegelegte Eindruck trügt, daß es nur die Probleme seines Jahrhunderts über die Schwelle lassen würde und in ihm nicht auch der Grund der heutigen Probleme zu erkennen ist. Dieses Werk zeugt von einem unbestechlichen Gefühl für die Sauberkeit und Eigenständigkeit der Arbeitsweise des Juristen. Zugleich ist es, gemessen an seiner Zeit, genügend politisch und sozialwissenschaftlich fundiert, um nicht der Gefahr juristischer Introvertiertheit zu erliegen und jene systematische Kraft zu entwickeln, ohne die eine kritische Bewertung der Erscheinungen des staatlichen Lebens nicht denkbar ist.

---

[59] Obwohl gelegentlich *Erich Kaufmann* in *Smends* neuem Verfassungsrechtsverständnis Hänels Ideen wiederzuentdecken meinte. Vgl. seinen Diskussionsbeitrag im Anschluß an Smends programmatisches Referat über „Das Recht der freien Meinungsäußerung", in: VVDStRL, Heft 4 (1928), S. 79; auch unter dem Titel „Juristische Relationsbegriffe und Dingbegriffe" in: Gesammelte Schriften, Bd. III (Rechtsidee und Recht), 1960, S. 266 ff., 267 f.; Kaufmanns dabei versuchte Inanspruchnahme Hänels für sein eigenes ontologisches Begriffssystem erscheint mir allerdings unbegründet; sie ist ein Beispiel für die bei ihm oft festzustellende Neigung zu allzu großzügigen geistesgeschichtlichen Einordnungsversuchen, die er, unbeschadet der sonstigen scharfen wissenschaftlichen Gegensätzlichkeit, mit *Carl Schmitt* teilt.

Printed by Libri Plureos GmbH
in Hamburg, Germany